鲁迅背景小考

陈占彪 著

商务印书馆

图书在版编目(CIP)数据

鲁迅背景小考 / 陈占彪著. — 北京：商务印书馆，2021
ISBN 978-7-100-20192-6

Ⅰ.①鲁… Ⅱ.①陈… Ⅲ.①鲁迅（1881－1936）—人物研究—文集 Ⅳ.①K825.6-53

中国版本图书馆CIP数据核字（2021）第153115号

权利保留，侵权必究。

鲁迅背景小考

陈占彪 著

商 务 印 书 馆 出 版
（北京王府井大街36号 邮政编码 100710）
商 务 印 书 馆 发 行
三河市尚艺印装有限公司印刷
ISBN 978-7-100-20192-6

2021年11月第1版	开本 889×1194 1/32
2021年11月第1次印刷	印张 6 7/8

定价：39.00元

待我成尘时,你将见我的微笑!

——鲁迅:《野草·墓碣文》

1927年11月16日,鲁迅赴光华大学演讲

绍兴鲁迅故居

"太守谓尔在京供职有年,当知科场舞弊,功令森严,竟不自重脑袋乎?答称,这个脑袋岂仅一次?遂将关节事和盘托出,直供不讳。并述某科以某字为关节,买中者几人,某姓某名其价若干,意在牵扯,语涉疯癫,约一点余钟,滔滔汩汩如数家珍。值堂人役闻之,不觉毛发悚然,无不咋舌。太守知其为疯人,不复再讯,当即退堂,饬差役小心看守。"2017年6月3日陈占彪摄。

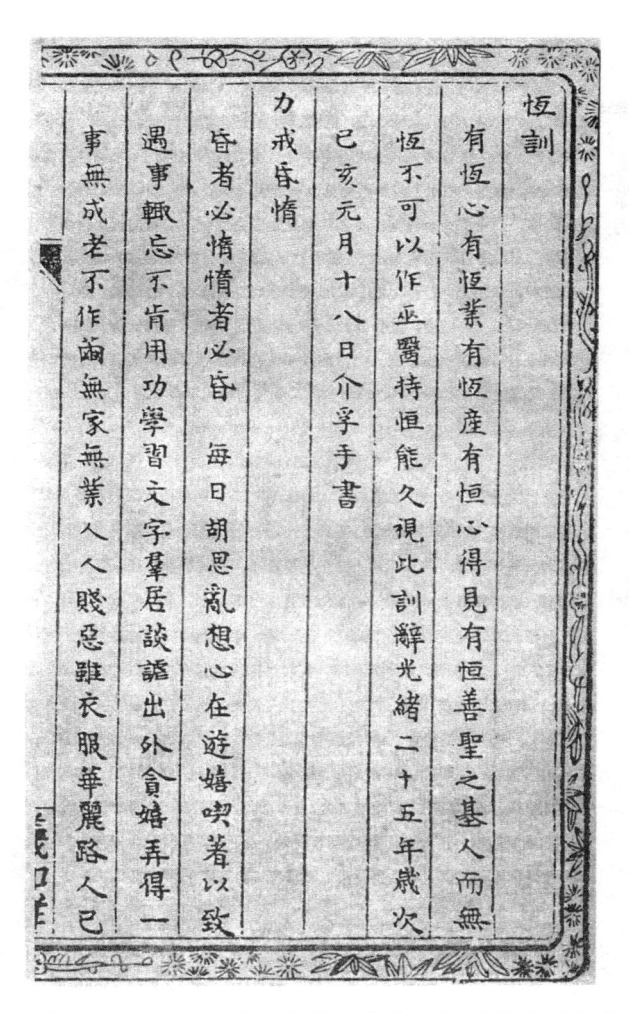

1899年鲁迅在江南陆师学堂求学时手抄的祖父周福清在狱中所写的《恒训》

"兹闻当日犯官周福清由府监提出，押解抚辕审勘后给以钱物，周福清将所给各物向中丞抛掷，幸赖立各员遮护不致被其击中，中丞不与计较，但微哂而已。"图片选自《鲁迅研究资料》第9辑，天津人民出版社1982年版。

问：水秤何物。

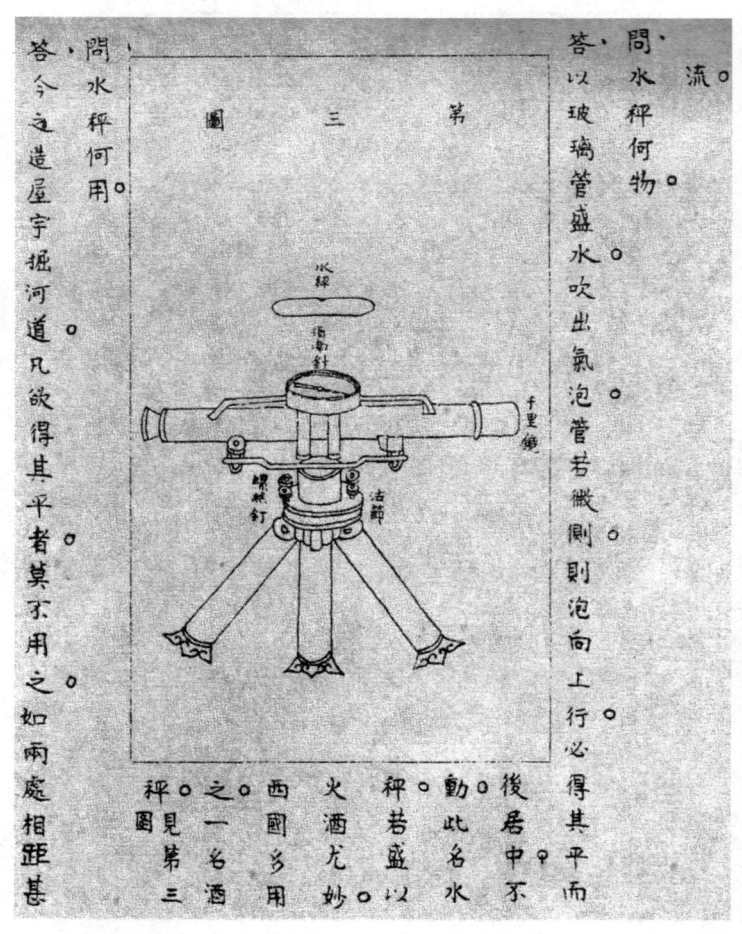

答：以玻璃管盛水吹出气泡，管若微侧则泡向上行，必得其平而后居中不动。此名以水秤若盛以火酒尤妙。西国多用此，名酒秤。之一见图第三。

第 三 圖

问：水秤何用。

答：今之造屋宇掘河道凡欲得其平者莫不用之。如两处相距甚

鲁迅抄写的《水学入门》讲义

周作人说："他（鲁迅）之所以进去也并不是因为志愿当海陆军人，实在只为的可以免费读书罢了。"在南京的两所新式军事学堂中，"我才知道世上还有所谓格致，算学，地理，历史，绘图和体操"。原件藏绍兴鲁迅纪念馆。

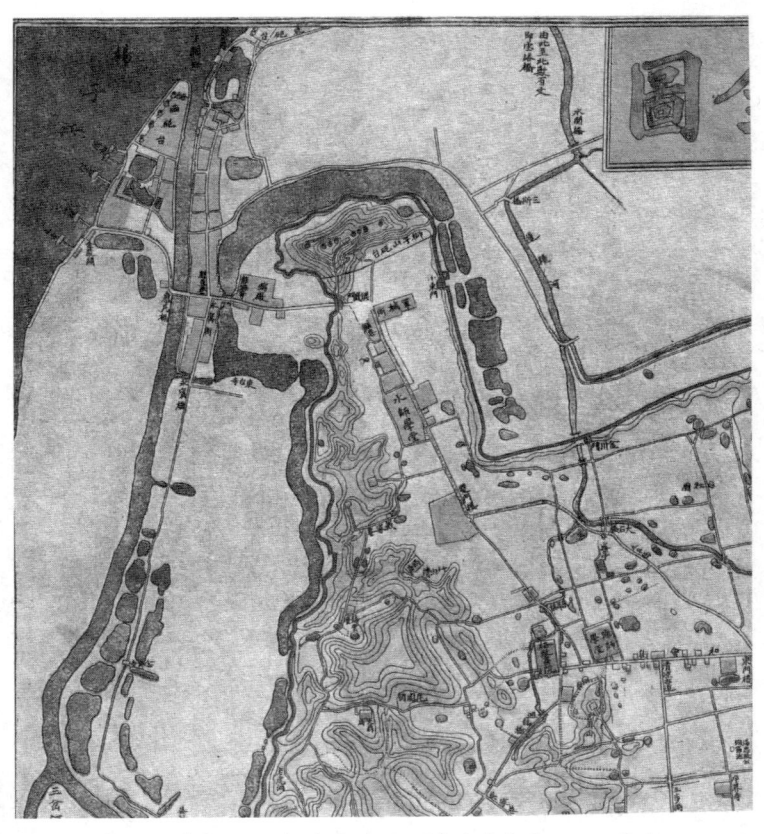

《陆师学堂新测金陵省城全图》（局部）1903年版

"该学堂（江南水师学堂）所择地位，居金陵城内离仪凤门不甚远，地广约三四十亩，西有矮山一带，东近南北大路，周有农庄园圃，无异乡间风景，惟远见城墙始悟其在城内，其幽静清雅，于此可见，而他处殆无以过之矣。"从该地图可以看出当年江南水师学堂和江南陆师学堂的位置，学堂奉两江督宪命测绘镌印。

原仪凤门

"一进仪凤门,便可以看见它那二十丈高的桅杆和不知多高的烟通。"原仪凤门于"文革"中被拆除,图片选自薛绥之主编:《鲁迅生平史料汇编》第1辑,天津人民出版社1981年版。

今天的仪凤门

2019年5月2日陈占彪摄。

江南水师学堂旧址

  江南水师学堂基本上是全英文教学，对学生英文要求颇高，1890年10月的招考告示即云，"如仅粗识洋文，不必投考"。创办之初尚办理得法，学生亦能力读勤学，成绩优异，"堪与英国水师学生相颉颃"。然甲午战败后，学堂每况愈下，甚至乌烟瘴气，教员思想守旧，学生玩愒时日，入学寥寥数月的鲁迅因此而失望退学。从创建到清朝灭亡的22年中，江南水师学堂不幸走了一条"始勤终懈"的老路。2019年5月2日陈占彪摄。

江南水师学堂里二十丈高的"可爱的桅杆"

"因为它高,乌鸦喜鹊,都只能停在它的半途的木盘上。人如果爬到顶,便可以近看狮子山,远眺莫愁湖,——但究竟是否真可以眺得那么远,我现在可委实有点记不清楚了。"

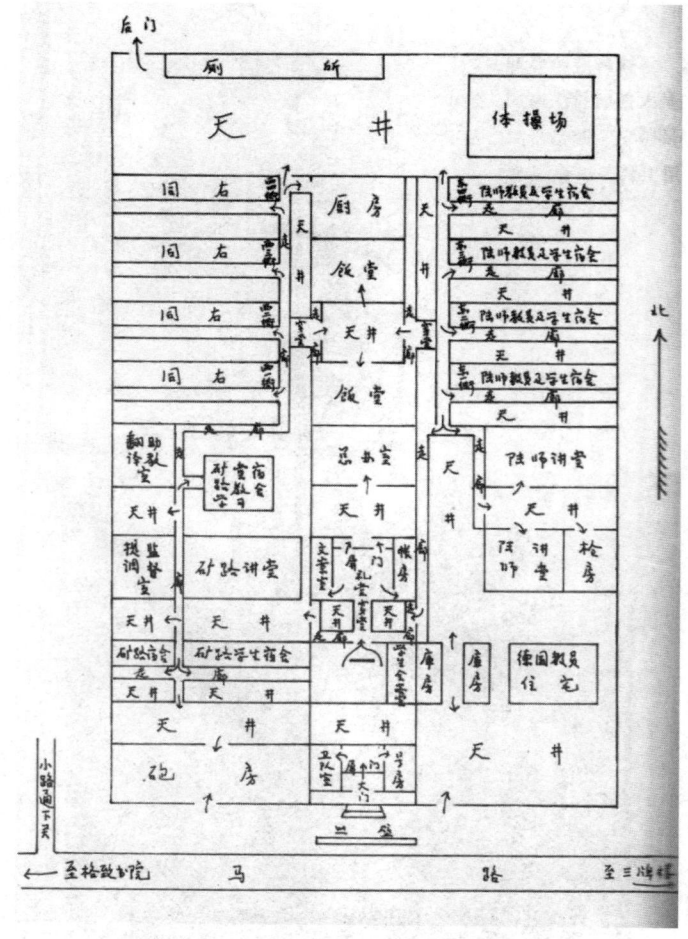

1979年前后,当年鲁迅的同期同学徐森画的
"江南陆师学堂和矿路学堂房屋图"

  1899年10月20日,周作人收到大哥鲁迅的信函,中有"陆师学堂形图一张自绘(己亥年俯视形图)"(周作人:《周作人日记》,大象出版社1996年版,第64页)。图片选自薛绥之主编:《鲁迅生平史料汇编》第1辑,天津人民出版社1981年版。

矿务铁路学堂的建筑

　　1896年，江南陆师学堂建成招生，经多次招考，勉强录取120名学生。然而这些学生多是冒名顶替、滥竽充数之辈，其中有一大半竟然是"白卷先生"。"观察（按，学堂总办钱德培）于是痛加澄汰，凡有年貌不符与文字不通者，一律开除。计从前早报额满之一百二十名，现已革退八九十人，留堂者仅二三十名。然犹大半终日握管城子，不能挥洒自如，操纵由我。"图片选自《鲁迅》图片集编辑组编：《鲁迅》（图片集），上海人民出版社1976年版。

留学日本的鲁迅

　　文学是鲁迅一生最大的成就，而采矿则是他的专业。在日本留学初期，鲁迅仍继续着他的矿学专业学习。其时中国，"言矿者，则迄今无一善本"，他和同学顾琅编纂了《中国矿产志》，此书"用心至深，积虑至切"（马相伯语），"实吾国矿学界空前之作"。图片选自《〈鲁迅〉组画》（水粉画），郑毓敏、潘鸿海、顾盼绘，《人民画报》1974年9月。

1906年鲁迅与同学顾琅出版的《中国矿产志》

这是鲁迅第一本具有全国影响的著作。该书"实吾国矿学界空前之作",曾被列为"国民必读书"、"中学堂参考书"。图片选自上海鲁迅纪念馆编:《上海鲁迅纪念馆藏文物珍品集》,上海古籍出版社1996年版。

许寿裳在台北寓所的书房

"走进他的卧室,刚刚进去,就被他发觉了,他在床上坐起来,拿手电筒直照我,又拿他床前的东西掷我,当时我心就慌了,不知所措,狠心的上去,就是一刀,我一看还动,就又连砍了几刀,到底怎么样?连我亦不清楚……"图片选自《文潮月刊》1948年4卷第5期,姚隼摄。

> 是日深夜，竊盜踰墻進，以鎖匙開玄關入先君臥室，以柴刀行兇遇害。二十日下午三時，先君遺體入殮，當即移靈至台灣大學附屬醫院浴室暫殯。二十三日上午八時舉行公祭，禮畢，即將靈柩運至台北市火葬場，舉行火葬焉。
>
> 許世瑛 謹識

許寿裳之子许世瑛所撰《许寿裳先生年谱》（未刊稿，现藏台北）中关于其父遇害之记录

许寿裳遇害后，许氏家属及其生前友好，拟就上海万国公墓鲁迅墓旁为之营葬，"因许本与鲁为至交，得傍松楸，益征生死不渝之契"。1948年3月15日，吴稚晖、李石曾、陈仪、潘公展等联名致函上海市长吴铁城，请予协助。2017年10月陈占彪摄于台北"中研院"近代史研究所图书馆。

目 录

前言 1

周福清科场舞弊案再考 8
 守正之士，咸怀愤叹 10
 弊案频发，光绪震怒 19
 理曲气壮，恣意逞习 25
 崧骏奏折，曲折良多 31
 秋后待决，庚子出狱 39

江南水师学堂考 46
 惩前毖后，大治水师 48
 觅地建堂，延请教习 55
 妥议章程，招募俊秀 63
 英文习练，作息紧凑 75
 办理得法，力读勤学 78
 每况愈下，乌烟瘴气 83
 始勤终懈，民国转型 104

江南陆师学堂考 110
仿照德制,造就将材 110
冒名枪替,滥竽充数 117
甄别优绌,奖叙优等 120
苛待学生,请愿督宪 126

矿路学堂考 137
开矿富国,亟于储材 138
发现矿藏,因矿设学 143
风气开通,教授西学 150
发现秘本,编纂矿志 156

许寿裳台岛血案考 167
身首几断,现场破坏 168
一把钥匙,顺藤摸瓜 177
灵前示众,魂兮归来 186

附 192
后记 196

前言

这本小书所收录的是近年来笔者所写与"鲁迅的背景"相关的几篇"考证性"文章。因此,准确地说,这几篇文章所讨论的不是"鲁迅",而是"鲁迅的背景"。

鲁迅的一生虽不长,但其成长、学习、生活、工作、写作的"背景",即鲁迅及其作品中所涉及的时代、社会、政治、文化、人物、事件、风俗等,可谓包罗万象,不胜枚举。

"鲁迅背景"的形成,归功于鲁迅在中国思想文化上的崇高地位及其巨大的能量和辐射力。"鲁迅先生原是一个普照一切的太阳。"[①] 因为他是"太阳",他所普照的范围就远而且大。

本来,如果没有鲁迅,很多人和事多不入时人"法眼",亦不必入时人"法眼"。然而,有了鲁迅,无论是荦荦大端,还是竹头木屑,无论是大人物,还是"小伙计",无论是"大历史",还是小风俗,被鲁迅的"太阳"这么一照,顿时金光闪闪,让人另眼相看。

叶兆言在写王金发时说:"历史上一些重要人物,由于他们

---

① 巴金:《忆鲁迅先生》,《巴金全集》第十四卷,人民文学出版社1990年版,第7页。

在坐标上特别亮眼,于是就成为发现另一些人的参照系数。这另一些人物并不亮眼,他们已经沉淀在历史的泥沙中,只有通过比较和对照,才能像文物一样出土。"[1]没有鲁迅,也会有王金发,只是王金发固然有其传奇般的历史,但终不免"沉淀在历史的泥沙"中,正因为有了鲁迅,人们更容易知道王金发,进而关注王金发。

事实上,无论是鲁迅生前,还是死后,只要能与他沾上边,都能引起人们的兴趣和关注。于是,"鲁迅的背景"就显得格外广大、庞杂。一个鲁迅,涉及近现代中国政治、社会、文化的方方面面;一个鲁迅,能带出一批近现代历史人物。如果说其他人有如一个地摊、杂货铺的话,鲁迅则是一个百货商店、购物中心。而像他那样堆满了琳琅满目的思想文化商品的大商场,在中国"多乎哉,不多也"。

这就是"鲁迅背景"的形成和存在。于是,对"鲁迅研究"来说,除过"鲁迅的本体研究"外,自然还有"鲁迅的背景研究"。

鲁迅背景客观而巨大的存在是鲁迅背景研究的基础,而对鲁迅本体研究的过度关注,以至于研究"山穷水尽",带来一定程度的审美疲劳。这时,鲁迅背景研究显得"柳暗花明",新人耳目,是为鲁迅背景研究的动力。

这就有如看戏,自然我们这些看戏的应当关注的是谁在唱、唱什么、唱得如何,但问题在于鲁迅的大戏天天唱、月月唱、年年唱,我们看戏的人多多少少都觉得有些腻味。"阿毛被

---

[1] 叶兆言:《王金发考》,人民文学出版社2015年版,第263—264页。

狼吃"的惨剧固然能博得鲁镇的人们的同情，并供他们咀嚼鉴赏，但祥林嫂日复一日地唠叨，时间久了，"大家也都听得纯熟了，……后来全镇的人们几乎都能背诵她的话，一听到就烦厌得头痛"①。因此，当我们看鲁迅的大戏时，就不由自主地心有旁骛，东张西望，尽看那美轮美奂的舞台、咿咿呀呀的乐池、五光十色的灯光，还有那台上无足轻重的配角，甚至无关紧要的龙套等。而这后者，就是鲁迅的背景研究。

况且，主角固然重要，但没有背景的衬托甚至支撑，主角就会黯然失色，或无法理解。1942年，毛泽东在讲到如何研究中共党史的时候，提出一种"古今中外法"。"就是弄清楚所研究的问题发生的一定的时间和一定的空间，把问题当作一定历史条件下的历史过程去研究。所谓'古今'就是历史的发展，所谓'中外'就是中国和外国，就是己方和彼方。"②可见，看不到或者轻视事物的时空背景，就无法对事物本身进行客观的、准确的把握。

而当前脱离史料、脱离背景、玄虚的鲁迅研究越来越多。孙郁曾慨叹说："国内的鲁迅研究有种越来越脱离史料的迹象，缺乏对于20世纪上半叶那个时代具体语境的了解，玄虚的地方有点多。当时，我身边的几位前辈都有扎实的根底，不尚虚言，很少空话。这种治学精神一直在启示我、滋养我。"③这也是我们

---

① 鲁迅：《彷徨·祝福》，《鲁迅全集》第2卷，人民文学出版社2005年版，第18页。
② 毛泽东：《如何研究中共党史》1942年3月30日，中共中央文献研究室编：《毛泽东文集》第二卷，人民出版社2009年版，第400页。
③ 夏斌：《文学让我们从俗谛中惊醒——专访中国人民大学教授孙郁》，《解放日报》2020年12月18日，13版。

还不能轻视鲁迅背景研究的原因。

  这本书的几篇文章正是"看戏"时"走神"的产物,它讨论的不是鲁迅本身,而是鲁迅的背景。然而,如上所述,鲁迅背景的"弱水三千",何等广大,本书只能取一瓢饮之。

  这本书讨论了鲁迅祖父周福清的科场舞弊案,青年鲁迅在南京就读的两所军事学堂,以及他的终生挚友许寿裳命殒台岛一案等内容。

  1893年的周福清科场舞弊案是一个"老话题",也是鲁迅家族从"小康"陷入"困顿"的转折性事件,同时也是影响和左右鲁迅人生的一个关键性事件。对于此一事件,以往我们通过对"官方文献"的挖掘和研究,"基本上"厘清了周福清贿考案的来龙去脉。

  由于此案件是件"哄动了一时"的"钦案",当时报刊,特别是《申报》,对此案进行了相对密集的跟踪报道,并就此案发表了一些评论,这部分文献鲜见被人提及和使用。从当时报刊上对此案的报道和反应中,我们可以了解周案发生的背景(其时科场的普遍舞弊情形,以及当年发生的包括周案在内的"上达宸聪"的三大科场弊案,周最终受到重罚正是在此一背景下发生的),补充周案的过程(案发后的缉拿及入监后的审讯),还原周案的细节(讯问时周福清"理曲气壮""恣意逞刁"的表现),辨析官府的应对(崧骏奏折的曲护和用心),特别是知晓当时社会的舆情。

  1898年到1902年,青年鲁迅先后在南京的江南水师学堂、江南陆师学堂附设的矿路学堂求学数年,在这里,他从"周樟寿时期"进入到"周树人时期"。

对这两所曾经打开其文化视野、刷新其知识结构的新式军事学堂,后来鲁迅、周作人及鲁迅的同窗对他们当年的学习、生活都有所回忆,这些材料都是今天人们认识和讨论这两个学堂的重要文献。只是这些材料偏重个人记忆,多是印象式的描述,相对个性、感性。显然,仅仅依据这些材料来了解这两所学堂是不够的。除此之外,我们还能从当时的官方档案、报刊中找到与这两所军事学堂相关的材料,有了这些文献,我们就大致可以弄清这两所学堂的开设缘起、建造招考、课程设置、生活作息、考核成绩,以及水师学堂起初的"办理合法"和后来的"乌烟瘴气",陆师学堂的冒名枪替和退学风潮等。从中可以一窥当年鲁迅学习生活之环境。

众所周知,许寿裳是鲁迅的终生挚友,他们是同乡、同学、同事、同志。1948年2月18日,许寿裳在台北寓所不幸为歹人所杀害。是谋杀,还是仇杀?一时众说纷纭,该案现场惨烈,案情离奇,曾轰动一时,然而今人对此一旧案的了解又殊为有限,通过当年警方对该案的分析检讨,以及当时报刊对此案的相关报道等材料,我们大致可以了解许氏惨案的案发现场、案情分析、侦破经过、缉拿凶犯、案犯伏法、各界悼怀诸情形。

要之,这本小书系鄙人最近数年陆续所写,依托一点"新鲜材料",对几个"鲁迅背景"进行"史实考证"的文章。

这几篇文章曾分别发表于《鲁迅研究月刊》《新文学史料》《上海鲁迅研究》《文汇报》等报刊上。

2021年，值鲁迅诞辰140周年，笔者不揣谫陋，将此数篇拙作凑成一册小书，复承商务印书馆之谬爱，得以印行，以为鲁迅先生诞辰之纪念，并就正于方家。

2021年7月31日于愈白斋

1909年，杭州

图片选自黄乔生编著：《鲁迅影集》，人民文学出版社2016年版。

周福清科场舞弊案再考

1893年,周福清科场贿考案案发。是年,绍兴周家祠堂中"翰林匾额忽平空堕落,鬼神先示机缄,而不知儆,宜其及祸矣"①。

"予性介,运复蹇"②,这是1899年羁押在监的周福清在写给鲁迅等孙辈的《恒训》中的夫子自道。对他来说,人生最"倒霉"之事,莫过于光绪十九年(1893)的"科场舞弊案"。这也是周家从"小康之家坠入困顿"的转折点。此案在当时是一桩"钦案","哄动了一时"(周作人语),在全国都有一定影响。

不管当时社会风气如何,此案在当时都不能算是一件光彩的事。周作人曾对其祖父的案子有过较为详细的客观交代,并对其本人在杭州陪伴入狱的祖父的生活有所回忆(如他的《鲁迅的故家》③《知堂回想录》等书)。而鲁迅对其祖父,特别其祖父的"贿考案",却叙述含糊,似有所回避,不愿深谈。比如,在其著名的《呐喊·自序》中,他只是以"有谁从小康之家坠

---

① 顾家相:《五余读书廛随笔》,见薛绥之主编:《鲁迅生平史料汇编》第1辑,天津人民出版社1981年版,第127页。

② 周介孚:《恒训》,赵淑英整理标点,见《鲁迅研究资料》第9辑,天津人民出版社1982年版,第28页。

③ 房兆楹先生在《关于周福清的史料》一文中对周作人的一些史实错误有所纠正。见台北《大陆杂志》1957年第15卷第13期。

入困顿的么"间接地暗示此案。而在《俄文译本〈阿Q正传〉序及著者自叙传略》中,他说:"听人说,在我幼小时候,家里还有四五十亩水田,并不很愁生计。但到我十三岁时,我家忽而遭了一场很大的变故,几乎什么也没有了。"① 至于是什么变故,他含糊其辞。

既然周福清案在当时"哄动了一时",后世学人收集了一些与此案相关的文献,并对之加以考证。② 今天,此一案件的来龙去脉基本上也弄清楚了。案情大致如下:

1893年2月16日,周福清的母亲戴老太太病逝,周遵制丁忧。此时适逢慈禧六旬万寿,朝廷举行"恩科"以贺。担任

---

① 鲁迅:《集外集·俄文译本〈阿Q正传〉序及著者自叙传略》,《鲁迅全集》第7卷,人民文学出版社2005年版,第85页。
② 《鲁迅研究文丛》第1辑(湖南人民出版社1980年版)中的《周福清科场案资料汇编》一辑将周福清案的史料收录得比较完备。该资料录有朱寿朋《东华续录》中与周案相关的八个文件。分别是:一、光绪癸巳九月辛巳(初二日。公元一八九三年十月十一日)御史褚成博奏(见"光绪一百十五"第一页);二、九月辛巳上谕(见同页);三、九月癸未(初四日。公元一八九三年十月十三日)浙江巡抚崧骏奏(见同页至第二页);四、九月癸未上谕(见"光绪一百十五"第二页);五、十一月乙酉(初七日。公元一八九三年十二月十四日)御史林绍年奏(见"光绪一百十六年"第三、四页);六、十二月庚申(十二日。公元一八九四年一月十八日)浙江巡抚崧骏奏(见"光绪一百十六"第十九页);七、十二月癸酉(二十五日。公元一八九四年一月三十一日)刑部奏(见"光绪一百十六"第二十三、二十四页);八、十二月癸酉上谕(见"光绪一百十六"第二十四页)。这些文献在当时的《申报》上亦多有所登录。此外,还收录了周作人著作中关于其祖父周福清一案的章节以及郭嵩焘日记中关于咸丰九年顺天乡试科场案的记述等材料。此前,1979年9月5日和10月10日《光明日报》分别刊载的钱碧湘的《关于鲁迅祖父档案材料的新发现》,其中崧骏两个奏文(光绪十九年九月四日上谕和褚成博奏文,薛绥之主编:《鲁迅生平史料汇编》第1辑,天津人民出版社1981年版)和张守常的《关于鲁迅祖父科场贿赂案》两文都是对周案资料的发掘。对周福清一案的研究有美籍华裔学者房兆楹的《关于周福清的史料》,此文经胡适推荐发表在台湾的《大陆杂志》上。《鲁迅研究资料》第7辑(天津人民出版社1980年版)收录此文。

浙江主考的殷如璋与鲁迅祖父周福清有同年之谊，9月7日，殷如璋路过苏州之际，周福清遣家丁陶阿顺呈递信函，许以一万元洋银，嘱与关节，取中包括鲁迅父亲周用吉在内的同乡考生六名，由此案发。随后，周福清投案自首，虽然交通考官，贿买功名未成，但是1894年光绪皇帝还是上谕，"周福清着改为斩监候，秋后处决，以严法纪，而儆效尤"。然而，一年后的1895年，被关押在杭州的周福清因"关节未成，赃亦尚未与人"而被"免勾"，得以活命。

人们通过御史、巡抚等人的奏章、上谕等官方文献"基本上"还原了周福清贿考案。当然，如果不加分析和批判地应用这些"权威"材料，就难免会得出一个与事实有差距，甚至在有些情节上与事实完全相悖的描述。当时报刊，特别是《申报》，对此案进行了相对密集的跟踪报道，并就此案发表了一些评论，这部分文献鲜见被提及和使用。

从这些材料中，可以了解当年包括周案在内"上达宸聪"的三大科场弊案，官府缉拿并审讯周福清的经过和细节，浙江巡抚崧骏曲护周福清的良苦用心，以及当时社会对于此案的汹汹舆情。

守正之士，咸怀愤叹

周案案发于1893年9月7日，当场被查拿到物证、人证。人证即为周福清派遣递信之陶阿顺。随后，讯问陶阿顺，在陶阿顺的供述中，他和周福清的关系出现了矛盾的说法。报称，当初在苏州时陶称他并非是跟从周福清的，其后在杭州时他又称他是跟从周福清的。

> 杭垣官场传说，谋通乡试关节之周姓家丁前日由臬司赵廉访询问，初在苏州府王可庄太守提讯时，据称小人跟周老爷到苏，属送信与主考，信中何事，实不得而知。至此口供与在苏不同，称小人非跟周老爷者，与主考之信，不过代递而已，其中情节更非所知云。①

据浙江巡抚崧骏的奏折称，陶阿顺本是绍兴府陈顺泉家佣工，七月间，周福清向陈顺泉借他去伺候。陶前后所称的他与周的关系矛盾的说法，也不难理解。一方面，他既可以说是周的仆人，也可以说不是周的仆人。另一方面，在苏州事发之际，他急于撇清关系，说自己与周无关，仅是代为递信，在杭州，看来逃脱不了，只得承认他确是周的跟班。至于信中何事，他不知道是正常的，如此重大而危险的事情，他岂能轻易知道，即便他真的知道，他又岂能说知道？

事发后，周福清畏避上海。10月2日，报称，浙省差人前往绍兴，将周福清之妻（即鲁迅祖母）拿解省城。

> 浙江乡试谋通关节被获一案前已有闻，兹闻关节则用"仁宗茂育"四字，而省垣已饬差廿八□东渡至绍郡周姓家，将周姓之妻某氏拿获解省，闻俟抚宪出闱后审问也。②

---

① 《再述谋通关节事》，《申报》1893年10月5日，2版。
② 《谋通关节续述》，《申报》1893年10月2日，2版。

此处"仁宗茂育"四字关节与浙江巡抚崧骏奏章上的关节"宸衷茂育"四字略有不同。当以后者为准，因为后者是从原信中摘出上奏皇帝的。等浙抚崧骏出闱后，开始处理此案并将此案上奏皇帝。

1893年10月11日，《申报》有则《上达宸聪》的消息。

> 浙江乡试有绍兴周太史谋通关节，以致家丁被获一案，前已屡见报章。兹闻浙抚崧振帅出闱后，即于某日将周姓六人并投递书函之家丁陶某，在苏省如何破案，如何捉解来浙，现将周太史即周福清革职密拿查办，至今尚未到案，一切详细情形，恭缮夹片，望北叩头，直达天听矣。又闻官场传说，前饬差往拿周福清之妻某氏，系札饬绍兴府俞太守办理，太守饬差过多，以致事机泄漏，周得以避匿不出，今已将太守记大过三次，而周妻禀称氏夫丁忧回籍守制，于三月间游幕在外，至今并未回家云。①

这里所提的浙抚崧振帅将周案上达宸聪，是指浙江巡抚崧骏于10月1日所上奏折。② 崧骏在奏章中将周案的经过详细上奏，这些史料已经见诸其他研究，这里不详细引述。

现在要做的事是拿获周福清，归案审讯，可是，人们尚不知周本人躲往何处。"并经臬司转饬会稽县查明，周福清系丁忧

---

① 《上达宸聪》，《申报》1893年10月11日，2版。
② 这个奏折在《光绪朝东华录》等文献中不难看到，此折当时就发表在光绪十九年九月初六日（1893年10月15日）的《京报》上，上海的《申报》于光绪十九年九月十七日（1893年10月26日）加以转载。

内阁中书，同治辛未科进士。惟周福清遣信函贿属关节一案，系在江南苏州地方，是否潜回浙江，即经饬司密饬仁和、钱塘两县查复，未曾来省，并由司飞饬会稽原籍，迅速查传省垣质讯。"①鲁迅、周作人正是在查拿其祖父之际，被送往其舅家躲避的。报上消息称，绍兴府打草惊蛇，走漏了消息，致使周得以避匿不出，太守因此被记大过三次。

后来报上纠正受到处分的不是绍兴府太守，而是会稽县县令。"九月初二日本报'上达宸聪'一节，兹悉周福清一案绍兴府霍太守奉文后，未出一差，即札饬会稽县查办，县中奉札后，饬差持片往请，周妻以夫出外未归等语复县，县中即以其语禀详，上宪以该县承缉不力，纪过三次，与霍太守并无干涉，现在周福清父子已由县□次第寻到，于本月初二解往省垣矣。"② 等周福清到案后，会稽县知令俞邑尊三次大过亦取消也。"前纪绍兴府会稽县俞邑尊凤冈纪大过三次，兹因谋通关节之周福清已获到案，即行消释云。"③

崧骏将周案上奏后，10月11日，御史褚成博上奏彻查此案，同日，上谕崧骏严查并定罪。上谕称："科场舞弊，例禁綦严，若如所奏各情，殊堪诧异。着崧骏严切根究，务得确情，按律定拟具奏。原折着抄给阅看，将此谕令知之。"④ 10月13日，又发上谕将周福清即行革职，查拿到案，10月14日，《申报》

---

① 朱正：《一个人的呐喊：鲁迅1881—1936》，北京十月文艺出版社2007年版，第13页。
② 《谋通关节案续闻》，《申报》1893年10月20日，3版。
③ 《杭城官场摘要》，《申报》1893年11月9日，2版。
④ 本刊资料组：《周福清科场案资料汇编》，湖南人民出版社编：《鲁迅研究文丛》第1辑，湖南人民出版社1980年版，第203页。

登录上谕如下：

> 九月初四日奉上谕，前据御史褚成博奏浙江正考官殷如璋行抵苏州，忽有人投递书函，中有考生五人姓名，并银票一万两，嘱与关节取中。经殷如璋将其人扣留，交苏州府看管，转解浙江，请饬究办，当经谕令崧骏严切根究。本日据崧骏奏，据臬司赵舒翘禀称，准江苏臬司移咨此案，并将投递书函之家丁陶阿顺解交浙省讯，据陶阿顺供称，系周福清令伊投信，查周福清系丁忧内阁中书，请饬革职归案审讯等语。案关科场舞弊，亟应澈底查究，丁忧内阁中书周福清着即行革职，查拿到案，严行审办，务得确情，按律定拟具奏，该部知道。钦此。①

以钱来贿买功名，此事一经"爆光"，如巨石投诸镜泊之中，激起轩然大波。此举破坏了社会"公正"，特别是被视为较为"公正"的考试制度，有才者可能因此落榜，而有钱且有关系者则可能高中，莘莘学子不答应，全社会不答应。

御史褚成博、浙抚崧骏先后上奏后，"守正之士，咸怀愤叹"，1893年10月28日《申报》头版发表评论文章《书御史褚浙抚崧奏折后》，对周福清贿考一事加以抨击。文章全文如下：

> 天道三十年而一变，古人有此语，窃以为亦未必可信也，而孰意其竟信而有征哉。咸丰戊午顺天乡试科场舞弊，

---

① 《本馆接奉电音》，《申报》1893年10月14日，1版。

以至杀人如麻,屈指于今三十余年,而今年乃又有浙江一案。岂稗官小说家言,谓大巡环三十年一巡阳世①,凡世间有不平之事,皆赖以反正。此言果不谬乎?

昨阅邸钞,见褚侍御及松中丞同日上本,奏陈投书贿嘱一节,而不禁为之悚然也!夫近年以来科场积弊,盖已深且久矣,而浙省则尤甚。论者谓科场中之弊,实莫甚于广东。广东因有闱姓之赌,故往往有无中生有,偷天挖月之举,然未必通场皆然也,亦未必悍然不顾也。至于浙江科场,则历科以来大都皆不能弊绝风清,以故每一出榜,众论哗然,世绅巨族、大腹之贾,其子弟辈每取青紫如拾芥,此其中未必无弊,特无人焉,发其覆耳。积久成为司空见惯,乃更肆无忌惮,若此此次周福清之沿途投书贿嘱,是直视为寻常之事,绝不顾及王章国法,尚复成何世界?夫银票一万两可以卖〈买〉中举人五名,并其小儿亦可叨光,则真所谓钱可通神。彼寒士终年呻唔,惟望三年一次,希冀振翮云霄,而苦于阮囊羞涩,贿嘱无资,虽有金陈章黄之文,亦莫不为钱神只手所蔽如此者,又岂少哉?

褚侍御之奏,犹属得之传闻,然所闻浙江正考官,在苏州境内拿获投书贿嘱之人,当交苏州府转解浙省,则已言之凿凿,且云内中有考生五人姓名,并银票一万两嘱与关节取中。甚至此事苏浙地方遍处传说,守正之士,咸怀愤叹,而都中士大夫亦有互相传述,咤为罕闻者,诚哉其

---

① 蒲松龄《聊斋志异·于去恶》中有云:"桓侯翼德,三十年一巡阴曹,三十五年一巡阳世,两间之不平,待此老而一消也。"

为罕闻也。至于崧中丞所奏则更非风闻可比，其折内云：八月初六日据浙江臬司赵舒翘，转准江苏臬司移，浙江主考殷如璋于七月二十七日路过苏州，有名周福清者，遣人赴浙江正考官殷如璋舟次，呈递信函。经殷如璋将投书之家丁陶阿顺扣留，押交苏州府收审，查知信中系嘱托关节情事，提讯该家丁，供词闪烁。由县委员管解陶阿顺，并移案到浙，督饬臬司会同藩司，督饬杭州府陈璚亲提审讯。家丁供词但言周福清遣其递信，信内何事，伊实不知。而据臬司抄呈所递之原信，则信内计纸二张，一书凭票洋银一万元等语，一书生五人，马官卷、顾、陈、孙、章，又小儿第八，均用"宸衷茂育"等字样，又周福清名片一纸外，年愚弟名帖一个。则是真凭实据，毫无遁饰。且马姓官卷止有马家坛一名，暨周福清之子周用吉，均即扣考。顾、陈、孙、章，则褚侍御折内谓其有名姓，而崧中丞折内则谓信中有姓无名，总之，皆案中应办之人也。

夫周福清既属进士出身，则于此中滋味亦已尝过，以三年之功夫，九日之辛苦，或且入棘闱者不止一次，则尤为困顿，而坐令有钱者强占其位置，又岂甘乎？己则侥幸两榜，而顾不知自爱，培植其子，而欲附于叨光之列，果其可以叨光，则举人进士直将半文不值矣。所尤可怪者马姓官卷，亦在此列，夫既为官生，则必其父兄早经通籍，为文学侍从之臣，其教子也必以义方，俾得继起有人，书香不坠，此分内事也。子弟而不肖，不克担荷，则亦当严加管束，勿令其舍正路而入旁门。即日望之情殷，急不及待，又岂有关节贿嘱以自干法纪之理？乃竟至于身罹法网，此诚有索解人而不得者矣。

此事传说纷如,大都非亲目所睹,不敢取以为信,将来此案作何办理,亦尚难悬揣而知。惟此二公奏折,则明明具在,固有确凿可凭者,故吾知科场之积弊,将自此而尽发其覆也。

呜呼!士子读书攻苦,郁郁不得志于当时,秋风铩羽,点额龙门,咸以为限于时运,无可与争,而乃竟有长袖善舞,多财善贾者厕乎其间,则未免灰壮士之心,而短英雄之气,即于国家求贤若渴之至意,不将大相刺谬也哉?①

人们对周福清的做法的愤怒之情从中可见一斑。大家自然而然、不约而同地想起三十多年前,即咸丰戊午年间(1858年)的顺天科场舞弊案。《清史稿》对此案这样记载:

咸丰八年戊午,顺天举人平龄朱、墨卷不符,物议沸腾,御史孟传金揭之。王大臣载垣等讯得正考官大学士柏葰徇家人靳祥请,中同考编修浦安房罗鸿绎②卷。比照交通嘱托、贿买关节例,柏葰、浦安弃市,余军、流、降、革至数十人。副考官左副都御史程庭桂子郎中炳采,坐接收关节伏法,庭桂遣戍。盖载垣、端华及会审尚书肃顺素恶科目,与柏葰有隙。因构兴大狱,拟柏葰极刑。论者谓靳祥已死,未为信谳也。然自嘉道以来,公卿子弟视巍科为

---

① 《书御史褚浙抚崧奏折后》,《申报》1893年10月28日,1版。
② "罗鸿绎"在《申报》上也有写为"罗鸿泽"的。

故物。斯狱起，北闱积习为之一变。①

报纸在谈论周案的时候亦将此"亘古未有"之案旧事重提。

> 闻之父老言，咸丰戊午科场一案，为亘古所未有。是科以大学士柏葰为正考官，兵部尚书朱凤标，署户部右侍郎、左副都御史程庭桂副之。揭晓后，言官奏平龄等朱墨不符，请旨特行覆试。旋查得兵部主事李鹤龄代刑部主事罗鸿泽订正关节，以条子送同考官浦安，浦托柏葰家人靳祥恳求中式，柏葰允之，平龄则讯得曾在票班唱戏奏入。上赫然震怒，召见惠亲王、怡亲王、郑亲王、军机大臣、内务府大臣等，谕以科场为抡才大典，交通舞弊，定例綦严，柏葰身任大学士，在内庭行走有年，且系科甲进身，岂不知科场定例，竟以家人求请，辄敢撤换试卷，既有成宪可循，朕即不为已甚。着照王大臣所拟即行处斩，浦安、罗鸿泽、李鹤龄，均照例斩决。副考官朱凤标，尚无知情情弊，从宽革职。邹应麟亦即革职，永不叙用。等因。钦此。嗣又讯出程炳采、陈景詹、谢森墀、李清凤、李旦华、王锦麟、熊元培、胡祖彝诸人均有弊窦，或斩、或流、或革，治罪有差。②

杀人如麻倒未必，但交通各方，一一问斩，包括担任正考

---

① 赵尔巽等撰：《清史稿》卷108，中华书局1977年版，第3156页。
② 《科场舞弊论》，《申报》1893年11月12日，1版。

官的大学士柏葰。此案足以震动人心，一定程度上起到了以儆效尤之作用。当然，周福清一案称之"丑闻"比较恰当，毕竟未遂。有了顺天科场的前例，周福清的脑袋就难保。"甚矣！科场舞弊之多也。前者浙江主试殷、周二星使过苏州时，有周福清者，胆敢遣家丁投递信函，中藏银票一万两，意欲为人贿通关节，侥幸成名。幸殷星使铁面无私，将家丁获交苏州府解至浙江讯办，屡经严讯，所供终属游移，在旁观拟议之词，咸谓作奸犯科，欺君罔上，一经定谳，首领恐难保全，薄海人民应亦不寒而慄矣。"①

弊案频发，光绪震怒

周福清科场弊案绝非个案，在当时，科场舞弊几成普遍现象。清朝考场严防作弊，不可谓不严。如此次乡试中，浙省主考官殷如璋的家丁病死闱中，也只能从墙外竖起十字架，将其尸体吊出。足可见制度之严。

> 浙江正主考殷星使之家丁跟随入帘，屡觉胸膈郁闷，禀请星使传供给所购办西瓜，时已深秋，一时无从寻觅，乃多方设法由荐桥水果店代购硕大无朋者数枚，价亦不甚昂贵，计每斤大钱七十二文，传送内帘，以供大嚼，不料食瓜后，愈加烦燥，遍体焦灼不堪，服药罔效，延至廿六日病故，照例于墙外竖直木，作十字形，引绳其上，将尸

---

① 《科场舞弊论》，《申报》1893年11月12日，1版。

吊出，并闻内龙门内患病者十之五六云。[1]

但是即使如此防范，仍防不胜防。"至于浙江科场，则历科以来大都皆不能弊绝风清，以故每一出榜，众论哗然，世绅巨族、大腹之贾，其子弟辈每取青紫如拾芥，此其中未必无弊"，只是没人揭发而已。明知有弊，却苦于无把柄、无证据也。当然也有现场抓获的。"第二场出，粪夫某甲，由场外飞递入场，至号门，问监军第几号相公在否，当时巡绰官在旁询以何事，甲无辞以对，搜其身，得经艺五篇，立即禀提调王观察，转饬仁钱两县枷号贡院东桥脚下一月责放云。"[2]

外贼易防，内贼难防，很多情况下，问题正出在监考者身上。这些人不光没能正确履职，且利用职务之便，主动索求传递差使以自肥。有监军便"夫子自道"，大谈其"观人之法"。

科场作弊，防不胜防，传递文字，均由巡绰官、跟丁送往，而头号监军亦分其肥，自四元起价至十余元止。场外飞卷，则由供给所而来，然交与考生非过跟丁之手不可。流字号某生倩人抢代，由某号传来，一应费用出鹰饼十三枚。张字号某生，闻传递费一百元，大约由场外飞来，不然价何若是之昂乎？三场风声，遍传号舍，监军闻而垂涎，竟有向考生谋传递者。旁一人叹曰，传递何事，竟可直言不讳乎？及晚，监军向叹者附耳低语曰，文章非监军所能

---

[1] 《浙闻客述》，《申报》1893年10月11日，2版。
[2] 《棘闱谈助》，《申报》1893年10月2日，2版。

传递，谅非相公所知，上科即有人告我，观人之法，如法而行，上科得洋二元，本科首场得五元半。问其如何观法。答曰，说破则人人能看，亦不值钱，所患者不留心耳。人有两种，一种衣服京式或洋式，考具精美，考食即多且满，略带三四部洋版书籍，一进号舍，并不铺设帐幔，匆忙而去，久之始来，默坐号中，与左右邻号不过问姓道名而已，竟有默不一言者，此乃倩代做者也；一种布衣粗食，仅能饱暖而已，考具旧破，所带书籍尽是坊家木版，进号舍匆忙而去，瞬息即回，亦不甚言语，此乃为人作嫁者也。大略如是，其中细微有不能以言宣者，总之逐事留心为第一要着。即有看错，十得六七矣。相公不信，请问老于监军者未有不知也，彼监军者描摹可谓尽致矣。①

考试作弊，历来就有，今天亦时常见于新闻。当时，周福清只是"不幸"被发现而已，这也是周福清被讯问时，还能"理曲气壮"的原因。但我们不能不看到，如果一旦被抓住，那可能是"丢命"的事。清代对科举舞弊的惩罚极为严苛，与今日不可同日而语，交通考官，是要"杀头"的，周福清自然不是不清楚。因此，他其实是"提着脑袋"做这事的，最终落了个"斩监候"的下场。

与周福清交通关节未遂案发生的同时，此次科举还有两起科场案。一是顺天科场请人代书案，一是陕西科场谋求考差案。此三案都是该年被发现并"上达宸聪"的科场案。

---

① 《棘闱谈助》，《申报》1893年10月2日，2版。

虽然咸丰八年（1858）顺天科考案杀了主考的头，但仍阻止不了后来者科场作弊的冲动。且看与周案同期的顺天科场的舞弊行为。

乃不谓如联侍御□所奏，则顺天科场之弊，更有可骇可惊者。奏折中略谓近来顺天乡试弊端滋甚，富豪者目不识字而出赀倩代，几于成市。奴才风闻今科中式举人周学熙、汤宝霖、蔡学渊、陈步銮、黄树声、万航皆纨袴不能读书，自录科以至乡场无一非倩人者。揭晓之日，道路哓然。盖周学熙场屋之文系假手邻铺，而不识其佳，出场又倩人代作三篇，归以骗其父，其父官河南，即以此三篇传示同僚，及观闱墨所刻，众皆哗然。汤宝霖在场中出号觅传递，几为监试所执，而尚咆哮不服，闻其草稿亦系贿人代书者。蔡学渊尤愚谬，其录科卷中"丰"书作"壹"，"顾"书作"颜"，已被黜落，其后不知以何手段而竟补出，遂尔弄弊获中。陈步銮身家不清，其祖父曾为皂隶，其捐京官时，以万金买同乡官印结，得以猥厕部员，恣其徼幸。此二人榜发后，不理于口，即皆逃归，冀息风浪。黄树声系换卷所中，现虽观望风声，闻已检点行装，将遁矣。万航素不通文，录科系倩人，正场系传递。亦有风声，外间传言今科舞弊幸中者数十人，而奴才所闻较确者，惟此六人云云。

噫！科场条例，何等森严，奈何竟胆大如天，不知罪戾耶。所最可笑者周学熙之父现官河南，则是一宦家子弟也，承椿廷之庇荫，席丰履厚，正宜闭户读书，与我辈橐笔依人，饿来駞我，以致旧学荒落，笔墨榛芜者，实有天渊之隔。乃既已不能搦管而倩邻铺代作，又不知其佳，出场后更雇人另作三篇以骗其父，其父复遍示寅好，以炫其子之才华，卒至闱墨传观，酿成笑柄。谚云，知子莫若父，何老犨牛竟聋聩若此，岂真生有誉儿之癖者乎？此次幸逢恩榜，封章既递，蒙皇上派麟芝莘、徐荫轩二大臣覆查试卷文理笔迹，随即奏请将蔡学渊、黄树声、万航斥革，其周学熙、汤宝霖、陈步銮定期另行覆试。否则科场巨案，澈底根求，大狱之兴，其能已欤？①

这是当年顺天科场的乱象。时人称："呜呼！噫嘻！成案（按，指咸丰八年顺天科考案）昭然，何等严厉，迄今仅隔三十余载，奈何竟愍不畏法，若此之胆大妄为耶，此次犯者固已犯矣，顺天周学熙等覆试若何，目下尚无从知悉，即浙江周福清若何定案，亦不能悬揣，而知惟转瞬明年甲午正科，所望在事，各员悉心整顿，而士子亦鉴于刑宪，束身自好，无复舞弊，以冀幸功名，庶不负我国家慎重抡才之至意乎。"②

除了顺天科场出了事之外，是年，陕西科场也出了事。《清史稿》记有："光绪十九年，编修丁维禔典陕试，同年友饶士腾先期为之辗转嘱托。事觉，俱逮问。士腾自杀，寻并削职。"③ 这次是为丁维禔谋得考差，其同年饶士腾托族弟二酉堂书铺掌柜饶丹诏，饶托方小山，方托杨少舫，杨托裁缝吕德魁、剃头赵

---

① 《科场舞弊论》，《申报》1893年11月12日，1版。
② 《科场舞弊论》，《申报》1893年11月12日，1版。
③ 赵尔巽等撰：《清史稿》卷108，中华书局1977年版，第3156页。

三，吕、赵托御膳房饭局掌案太监张秀林谋办。这的确够辗转的了。事后，"太监数人手携票据，向索谢银，互相争执，将经手之二酉堂书铺吵闹摔打数次，街邻聚观，该铺为之关闭者累日。"① 由是事发，事发后饶士腾自杀。

这可谓当年科考"三大案"。自然，没被发现的恐怕不计其数。时人评曰：

> 乡会取士，谓之科场，巨制煌煌，垂诸汇典，草茅下士，何敢妄赞一词，虽然今之科场其流弊亦可谓极矣，枪替传递，忌惮全无，关节交通，略不避人耳目，甚至简放主考出自宸衷，而亦有藉内侍夤缘以期幸获者。去年癸巳庆榜恃开，多士观光，欢腾寰宇，而科场之弊，莫有多于去年者。余江南人也，目击南省秋闱扰扰纷纷，梦若丝乱，意谓他省当不如是，不料试毕遄返，即闻浙省周福清以传递关节被拘矣，及榜发而顺天幸中之万航等六人，又被言官以笔迹文理不符封章严劾矣，时将岁暮更闻山西②主考丁维禔于回京时，有太监索取贿赂，牵涉某书铺中人，以致奏交刑部推鞫矣。
>
> 噫！辟门吁俊，典礼弥隆，不肖者乃舞法弄文，若此其甚，即幸而得隽，亦觉有玷声名，反不若我辈康了一声，依然席帽，犹为太璞之可以自完也。顺天案革者已革。其未革者另行覆试，恐一露庐山真面，亦难免鞶带之褫。山西案严□□堂未经覆奏，其中曲折，外人尚难悬揣而知。

---

① 《光绪十九年十一月三十日京报全录》，《申报》1894年1月27日，10版。
② 《清史稿》为"陕西"。

所急欲知者，为浙江周福清一案，乃迟之又久，究竟如何供认，如何谳成，虽有道路传言，未敢信以为实，坐令闷葫芦无从打破，以迄于今，直至岁杪，恭读纶音，始知周福清已定斩监候之罪，数日前邸抄邮至，乃恍然于此案之始末根由。①

一年之中发生多起弊案，恐怕也是光绪皇帝赫然震怒，并决心严惩周福清的一个背景。

理曲气壮，恣意逞习

案发地在苏州，据说，苏州知府王仁堪本可将这事办得轻微一些，但不幸的是，周福清却遇到了当初的仇人。陈云坡在《鲁迅家乘及其轶事》中云："据绍兴周冠五先生告诉人，周介孚的亲戚陈华汉（进士，陈章锡之子，礼房周诰的女婿）恰任苏州府的发审，他为了过去周介孚说他住在岳家无出息的事，就在这案子上施行个人的报复，结果周介孚自首这件罪行而坐狱于杭州。"

关于周福清与陈华汉的恩怨，周观鱼在《三台门的遗闻佚事》中有详细的记述："陈秋舫是致房仁派礼系的女婿，和介孚公辈份相并。初来做新姑爷时，岳家照例留住盘桓。礼系屋宇无多，就让他俩夫妇住在百草园的三间头里，他留恋忘返，经久不去。介孚公背地说：'布裙底下躲躲（绍俗读作 kou）的是

---

① 《科场刍议》，《申报》1894年2月18日，1版。

没出息的东西，哪里会得出山。'不知怎样一来传达到陈秋舫的耳朵里，他经这末一刺激，立即向岳家告辞，并扬言不出山不上周家门。果然有志竟成，他回家后苦读精研，没好久居然也中了进士，只差没有点翰林，闷气已伸，也应该释嫌言好。偏偏他的肚量狭隘，他中试后不做官而游幕，科举案发，他正在苏州府任名法幕友，而这件案子也发生在苏州的苏州府知府的手里。事发后介孚公忙去找他，他竟托故不见。苏州府知府王仁堪为的案情过大，深恐株连太多，和陈秋舫商议办法，想把案情缩小。陈秋舫执法如山，坚执不允，就这样的据实揭参出去，介孚公又吃了一个好讥评人家长短的大亏。"[①]周案不能"大事化小"是否与陈秋舫对周福清的忌恨相关不得而知，但周观鱼所云周福清对陈秋舫的讥讽似也合其"口不择言""恶语伤人"的乖张脾性。

"跑了和尚跑不了庙。"在官府的"通缉"下和舆论的风口浪尖中，躲在上海的周福清回籍自首。10月12日，他来到杭州投案。报上说到周福清乘蓝呢大轿投案之情形。

> 杭垣官场传说，谋通乡试关节之周福清于初三日到案。是日，乘蓝呢大轿，家人手持名片，诣抚院，口称拜会。适抚宪崧振帅进闱，尚未回署，而府县差役尾其轿后者数十人，见其由抚院而出，即上前不由分说，拥护至杭州府署，陈六笙太守当即饬仁、钱两县看管云。[②]

---

① 薛绥之主编：《鲁迅生平史料汇编》第1辑，天津人民出版社1981年版，第92—93页。

② 《再述谋通关节事》，《申报》1893年10月18日，2版。

关键证人拿到后，10月17日，杭州府陈六笙太守对其闭门讯问，虽说闭门讯问，但仍有"传闻"传出。周福清不光没悔改认罪，反而"以退为进"，"直视为寻常之事"，可谓"理曲气壮"。他直供不讳，"语涉疯癫"，还历数某科某人以某关节花了多少钱，听得人胆战心惊，"太守知其为疯人，不复再讯"。其讯问情形颇为精彩，如下：

> 浙江乡试谋通关节被获一案，已革周太史即周福清拿获到案，早已列报。现闻杭州府陈六笙太守于初八日晚在花厅讯问。先将仪门内饬差役把守，不准闲人入内，关防严密，供词无从探悉。惟据传闻，周福清从仁和县狱中提出，至府署见太守，傲不为礼。太守谓尔在京供职有年，当知科场舞弊，功令森严，竟不自重脑袋乎？答称，这个脑袋岂仅一次？遂将关节事和盘托出，直供不讳。并述某科以某字为关节，买中者几人，某姓某名其价若干，意在牵扯，语涉疯癫，约一点余钟，滔滔汩汩如数家珍。值堂人役闻之，不觉毛发悚然，无不咋舌。太守知其为疯人，不复再讯，当即退堂，饬差役小心看守。周福清既到狱中，狱卒周旋其侧，若形影之不离。周福清曰，尔等如此看管，未免劳苦我，若畏罪当时避匿不出，尔等将从何处寻觅，今既到此，岂肯在狱中轻身自殉。我烟瘾已发，速取洋烟来。于是一榻横陈，呼吸之声，达于户外，烟云之气，遍布室中。以上均由传闻而得未知确否。①

---

① 《初讯谋通关节案》，《申报》1893年10月23日，2版。

周作人说到其祖父周福清投案被讯时的情形说："知府王仁堪想要含胡了事，说犯人素有神经病，照例可以免罪。可是介孚公本人却不答应，公堂上振振有词，说他并不是神经病，历陈某科某人，都通关节中了举人，这并不算什么事，他不过是照样的来一下罢了。事情弄得不可开交，只好依法办理，由浙江省主办，呈报刑部，请旨处分。"[1] 周作人所云正与《申报》所报道的内容相合。只是此处讯问的不是周作人所说的苏州府知府王仁堪，而是杭州知府陈璚，周福清投案于杭府，不是苏府。顾家相也记录了类似的尴尬的讯问情形。"陈鹿笙太守（璚）犹欲全之，曰，君清华贵客，宁知法犯法，其中岂有诬枉耶？介夫侃侃而谈，曰，近年浙闱如某科某人，皆以贿式中者历历可数，吾亦效若辈所为，非独异也。太守不敢穷诘，乃就本案定谳问拟大辟，浙人为作联曰：年谊藉夤缘，稳计万金通手脚；皇仁空茂育，伤心一信送头颅。"[2]

对于周福清供述的"交通关节者，已不止一科"的内容，经监察御史林绍年上奏给了皇帝。林称殿试时，考生事先常常呈递诗片予殿试读卷大臣，这在一定程度上也可以说是交通关节，而大臣却不以为过。至于如何杜绝关节，他提出变通阅卷章程以杜绝此弊。其所奏内容如下：

---

[1] 周作人：《鲁迅的青年时代》，止庵校订，北京十月文艺出版社2013年版，第13页。

[2] 顾家相：《五余读书廛随笔》，见湖南人民出版社：《鲁迅研究文丛》第1辑，湖南人民出版社1980年版，第215页。亦可见薛绥之主编：《鲁迅生平史料汇编》第1辑，天津人民出版社1981年版，第127页。

京畿道监察御史臣林绍年跪奏为大臣徇私，考政不肃，请饬妥议变通阅卷章程，以清弊源事。

窃维近来考事风气卑坏，弊窦丛生，外间所传，令人骇怪。风闻浙江一案周福清所供交通关节者，已不止一科，京□乡会试舞弊幸中者，更指不胜屈，毫无顾忌，一至于此，良可慨矣。推原其故，其不谨实自大臣始。何也？大臣之不讲风裁者日多，故□殿廷考试相识者，竟以诗片纷投于其门，而大臣坦然受之，匪特不即奏参，竟且乐为搜讨，甚至所受之条，逾于所取之数，不惜诒颜代向他人通融者，此非关节而何？乃小臣以躁竞丧品，大臣以徇庇辜恩，风俗人心，尚可问哉？无他，私昵情亲，岁时礼厚，遂致罔知国法，不恤人言，且暧昧之事觉发，本难即闲有知者，人亦惮于指实，故此风日甚一日，几于视为故常，而无从禁绝。

臣愚以为，欲清其源，非变通阅卷章程不可。查殿试读卷诸臣，向于前期听宣，宿文华殿等候，次日卷到校阅，似可酌量仿照办理。拟请嗣后朝考散馆考差乡会覆试各场，均于考日宣阅卷诸臣入文华殿，候卷校阅，庶诗片之弊，不禁自除。若虑诸臣多此候阅时日，有旷部务，则阅卷员数，原可量减，责成更专，时刻从容，亦不虑草率。至供应一切，则闲年不过数场，每场不过二日，更可无虑烦费。似慎重试事，先清弊源，无有过于此者。应否饬部妥议变通阅卷章程，谨候旨施行，臣又闻近科殿试内阁刷印题纸之时，亦竟有漏泄策题情事，应如何添派官兵严密稽察，认真关防，亦请一并饬部妥议，以期无弊。臣愚昧之见，是否有当，谨具折上陈，伏乞皇上圣鉴。谨奏。奉旨，览。①

周福清虽然抱着"别人都这样，我为何不能这样"的心理，给杭州知府来了个"下马威"，但是，别人可没被抓住，而他却被现场抓获。他之"疯言疯语"虽然十有八九是"事实"，但暂无人证物证，而他的事，可是人证物证俱全，总得有所交代。

于是，周福清不得不低下他那"桀骜"的头颅，坚称信中所写五人俱不知情，且银票实系空票，事到如今，只有如此，才能将其罪"最小化"。《谋通关节确供》中称：

> 浙江乡试时革员周福清谋通关节一案为前报所已登，某日杭州府陈六笙太守升坐花厅，饬将周从仁和县狱中提出，由管狱官押解至署。太守向之研问，供称犯官于丁忧回籍后，游幕于外，旋于七月间至苏州，实因名心太切，是以沿途往拜殿主试，主试因关防回避，归寓即修就书函，倩人投送，当场被获，身犯王章，今已知悔。太守问信中马姓等五人知情否，供称均不知情，问银票何来，供称实系空票，并无银两。初意马姓等五人均身家殷实者，倘文字果能中式，将来可设法往取，若不获中，此票亦无处支银。太守再三讯问，周仍执定前语，矢口不移，遂交管狱官带回狱中监禁，一面将口供已照录申详。②

---

① 《光绪十九年十一月初七日京报全录》，《申报》1893年12月31日，12版。
② 《谋通关节确供》，《申报》1893年11月3日，3版。

杭府讯问后，随后浙抚崧骏于1893年12月25日进一步提讯（"人犯于本月十八日早堂解候"①）。恐怕内容还如陈璚所讯一同。

崧骏奏折，曲折良多

1893年12月17日，崧骏复奏光绪。②有意思的是，当光绪为考场弊案频发大为光火，要严查重惩周福清的时候，浙抚崧骏却怀曲护之心，采取了周福清的"一时糊涂"，临时起意，他人俱不知情，银票实系空票的说法。倘按法办事的话，"遍查律例，并无作何治罪专条"。

> 七月二十日，周福清携仆陶阿顺，由绍郡起程进京探亲，二十三日路过上海，探问浙江正考官殷如璋与伊有年谊，周福清一时胡涂，起意为子求通关节，并欲为亲友中马、顾、陈、孙、章五姓有子弟应试者嘱托，希图中式，各主考允诺，再向各亲友告知，择其文理清通诸生列名。周福清素知各亲友家道殷实，不患无人承应，事后必有酬谢之资。即由上海雇船开驶，二十五日晚至苏州停泊，周福清独自拟写关节一纸，内开五人马官卷、顾、陈、孙、

---

① 《提讯要犯》，《申报》1893年12月26日，2版。
② 此件亦可见于光绪十九年十二月十七日（1894年1月23日）的《京报》，1894年2月14日的《申报》加以转载，因此件不难找到，此处不加以全文征引。1893年12月17日的崧骏奏折要早于报上所云"人犯于本月十八日（1893年12月25日）早堂解候"。

章，又小儿第八，均用"宸衷茂育"字样，并写洋银一万元空票一纸，加具名片，装入信封。二十七日，正考官船抵苏州阊门，码头周福清嘱令陶阿顺先去投帖拜会，如不见，再投信函。陶阿顺将名帖信函一并呈送正考官船上，当经正考官扣留，押交苏州府收审，转解到浙，饬府讯供，将官卷马家坛，暨周用吉一并扣考，并经奏请将周福清革职，委员查拿。周福清先避住上海患病，随后回籍，闻拿畏罪自行赴县投首，并饬查提马家坛、周用吉到案。由县先后解省，发委讯办。钦奉谕旨，遵经饬据讯认前情不讳，诘无预谋买求中式之人，矢口不移，案无遁饰。[①]

崧骏在奏章中将事件的来龙去脉说得一清二楚，这自然是最权威的描述，然仔细推敲，这其中"曲折良多"。

崧骏所奏该案是周福清一时糊涂，临时起意，与涉案五家无关，且银票系自写虚赃。这就是说该案无预谋、无牵扯、无后果。这种说法最大限度地避免了牵连他人，减轻了罪过，也免去了钱赃之罚没（"票洋系属自写虚赃，该革员又供家计贫寒，应免著追"）。牺牲一个，人财得保。

可是，他这种解释，或者说崧骏等人情愿认同的他这种解释，却不符合逻辑和常识。他在五人俱"不知情"的情形下自作主张，写万元银票，如果此事果成，而五家不愿出钱，岂不是"戏弄"殷主考同年吗？可能吗？

对周福清案中表现的显而易见的刁钻、顽固、滑头、狡辩，

---

① 《光绪十九年十二月十七日京报全录》，《申报》1894年2月14日，12版。

时人不信、不服且不平。

> 嘻！周福清之恣意逞刁，竟至于此乎？天下暗昧之事莫有过于买通关节，岂有前途尚未倩托，而先行纳贿，然后告知者？天下郑重之事莫过于银钱，岂有银两尚未兑交，先肯代函空票者？周福清殆自知罪无可逭，任意扳出与一身承当，同一法网难逃，故为是巧言供认耳。独怪马传煦以木天清望，分位何等高华，乃不思责令其子励志芸窗，突被此案牵累，岂不有玷清班耶？在中丞（按，指崧骏）之意岂不知此案颠末曲折良多，特周福清既已直认不辞，惩之即足以为儆，故特仰体皇上吁俊辟门之意，此外略而不究，以安多士之心。①

周作人就说这都是亲友的主意，事先预谋的。"正主考殷如璋可能是同年吧，同介孚公是相识的。亲友中有人出主意，招集几个有钱的秀才，凑成一万两银子，写了钱庄的期票，请介孚公去送给主考，买通关节，取中举人，对于经手人当然另有酬报。介孚公便到苏州等候主考到来，见过一面（按，当没见过面，'沿途往拜殷主试，主试因关防回避'，正因没见面才修书），随即差遣'跟班'将信送去。"② 至于"对于经手人当然另有酬报"，对周福清来说，此酬报恐怕并非什么银钱，而是其子，即鲁迅的父亲周用吉一并沾光。五家子弟，万两洋银，每

---

① 《科场刍议》，《申报》1894年2月18日，1版。
② 周作人：《鲁迅的青年时代》，止庵校订，北京十月文艺出版社2013年版，第13页。

家二千两，而周福清不用出银，其子周用吉亦得高中，不就是最大的报酬乎？有钱出钱，没钱出力，这恐怕是周福清起劲并冒险的动力。"银票一万两可以卖（买）中举人五名，并其小儿亦可叨光。"[1]他人出钱，自己出力，鲁迅的父亲"叨光"，当是他做此事的实情，其时已有人如是点明也。

前面周福清的供述，骗不过今人，骗不过时人，自然也骗不过崧骏、陈璸。然而，常说，一个谎言要用无数个谎言去掩饰，今天要拿周福清的不合常理之言骗得光绪相信，就不能不通盘考虑，以期不露破绽。比如，为了与他所说的向无预谋，纯系个人临时起意的说法相合，就不得不将周福清"专门"前往打通关系之行说成是"由绍郡起程进京探亲，二十三日路过上海"。可是，是年2月周福清母亲去世，周本人回籍丁忧守制，潘姨太、小孩周伯升都带在身边（"在'五七'以前他同了潘姨太和儿子伯升回到了家里"[2]），进京探哪门子亲呢？为了不连累其他五姓子弟，将本是为五姓子弟谋通关节，并使小儿"叨光"的情形说成是"周福清一时胡涂，起意为子求通关节，并欲为亲友中马、顾、陈、孙、章五姓有子弟应试者嘱托，希图中式"。只有这样，五姓子弟的干系才能得以剥离。从这奏章的遣词用句都可见崧骏的曲护之心。的确，所托六人中，因为周福清责任独揽，撇清了与其他人的关系，从而使得他们免受株累。只是，其信中所书的姓氏中，有两个人可以查实，没法完全逃避惩罚。一个是"马姓官卷"者。全浙省"马姓官卷"

---

[1] 《书御史褚浙抚崧奏折后》，《申报》1893年10月28日，1版。
[2] 周作人：《鲁迅的青年时代》，止庵校订，北京十月文艺出版社2013年版，第12页。

者只有马家坛一名，即翰林院编修马传煦之子，一个自然就是他的儿子，鲁迅的父亲周用吉，然此二人并"不知情"，分别予以斥革。而另四人顾、陈、孙、章，有姓无名，自然"更不知情"，免于追究。

对于周案，崧骏在奏折中知道该写什么，不该写什么，什么要详写，什么要略写，这都是大有讲究的。

又如，崧骏在描述当时案发时的情形是这样说的，"二十七日，正考官船抵苏州阊门码头，周福清嘱令陶阿顺先去投帖拜会，如不见，再投信函。陶阿顺将名帖信函一并呈送正考官船上，当经正考官扣留"。就是说，陶阿顺递信殷如璋时，即被殷如璋扣留。这真是今人所说的，"字数越少，事情越大"。陶阿顺被扣留的过程，在奏折中寥寥数字带过。倘若按此说法，这显然不合情理。倘殷如璋此时有意接受贿赂，自然就不会扣押陶阿顺，退一步讲，即使惮于国法王章，不愿接受这贿赂的话，那完全可以或明或暗地拒绝，何至于翻脸不认人。可见，将陶阿顺扣留，殷如璋有其"不得不"如此做的苦衷。

案发时的情形如何？徐珂在《清稗类钞》中称是苏州太守王仁堪谒见过苏的殷如璋时撞破此案的。

光绪癸巳，殷如璋、周锡恩衔命南下，主试浙江，至苏州，船泊阊门外。时苏州府为王可庄太守仁堪，循例谒见。谈次，忽有人以密函至，立待覆书。功令，典试者在途，不得与戚友通音问，防弊也。殷得密函，请王启视，王阅之，色变，即呼拿下书者。书中所言，皆贿买关节语，并一万两银票一张，署名者周福清，周即浙江翰林院庶吉士散馆授知县，革职捐内阁中书者也。殷见事已泄，亦拍案大怒，请将下书者严究，以明心迹，于是周遂被祸。①

周作人说当时是副主考周锡恩撞破此案的："那时恰巧副主考正在正主考船上聊天，主考知趣得信不立即拆看，那跟班乃乡下人，等得急了，便在外边叫喊，说银信为什么不给回条。这件事便戳穿了。"②周作人所云案发当时的情形与顾家相的《五余读书廛随笔》所述相同。顾云："时两主司泊舟阊门外，副主考方过正主考船中闲话。殷公得信，暂庋一旁，谈笑如常。而副主考久坐不去，送信人以久待无回信，哗曰：'似此万金干系，岂并不给回信耶？'副主考乃攫来信阅之，殷公不能隐，乃执送信人发苏州府讯问，奏参介夫革职逮捕至杭。"③看来，主考得信的表现颇近情理，事情坏就坏在陶阿顺身上。

当时案发之情形，过去人不易弄清，现在已经明了。近来，有学人发现副主考周锡恩1894年年底写给自己的老师、翰林院编修赵次珊的一封信《奉座主赵次珊师书》，信中谈及周案发时的情形。

惟锡恩细人德薄，福过灾生。戊子往陕，丧其长男。

---

① （清）徐珂编撰：《清稗类钞·浙江乡试关节》第2册，中华书局2012年版，第655页。
② 周作人：《鲁迅的青年时代》，止庵校订，北京十月文艺出版社2013年版，第13页。
③ （清）顾家相：《五余读书廛随笔》，见薛绥之主编：《鲁迅生平史料汇编》第1辑，天津人民出版社1981年版，第126—127页。

去秋适浙,又丧嫡女。回京忧恸,一切酬应多未及周。且往浙路过苏州,不幸遇内阁中书周福清,函通正主考殷秋樵京卿买求关节,被恩在船遇见。其时,主议揭发者,实锡恩所为也。浙抚入奏时,有正考官而无副考官,实因福清私函贿正而非贿副,故直以为正考官举发;若云副考官举发,则正考官反成被告矣。此崧镇青中丞所言,且亦系锡恩意也。不意外人疑谤,反由此起,误传周福清与恩同宗。称副考官已许贿买被正考举发,吠影吠声,不可复辨。而秋樵在浙则言系恩所为,以避仇雠之怨;到京则言系彼所为,以掠正直之名。而锡恩则一事而两面受过矣。福清同县至好李御史慈铭代其报仇。去腊,因未得京察,发愤广劾京外四十余员,将恩名罗入其中,有正主考举发周福清一案,副主考未经举发之人尚多,操守甚不可信等语。奉旨交掌院察看,徐荫师知恩者十余年矣。去冬,京察保列一等,当以查无实据,复奏事已了结。而忌嫉者总不甘心,浸润媒蘖扇之使怒,徐师复疑恩于福清一案,恩实未预在浙实有不可深信之处。乃于奏结之后,重加苛罚,于京察扣其引见,并议扣其考差,以致京师纷纷谣播,不可向迩。韩退之黑白倒置、南北易位,不亦枉哉?锡恩自维束发受书,沐父师之教,即以砥名励节,自期海内贤豪,妄以学行相期许。今乃持正不阿,被人诬陷,以毫无凭据之词,令受知师坐以废锢之罪,不亦冤哉?虽然,锡恩闻古人之言曰:"何以止谤?"曰:"不争。"又"御寒莫如重裘,止谤莫如自修,君子责诸己而不求谅于人,是非久久自定，听之而已，不欲辩也"。①

这信中交代得比较明白，确如周作人等所云，当时系副考官周锡恩，不是王仁堪在座而致案发，倘当时周锡恩不在的话，此案无论贿与不贿，都不会发展到周福清几乎要丢掉脑袋的程度。实际主张举发的是副考周锡恩，身为正考官的殷如璋自然不想将事闹坏，这也是可以理解的，因为周福清请托的是他本人，这时候，他不这样做的话，自己也难逃罪责。然而，崧骏入奏时，只写了"当经正考官扣留"，这当然是"欺君"之言，但是只有如此写才能撇清正考交通周福清的嫌疑，不致有所牵连沾染。索性不提副考，且将主张检举的副考换成正考，也是崧骏和他们商议好的。"若云副考官举发，则正考官反成被告矣。此崧镇青中丞所言，且亦系锡恩意也。"从中可见，虽居九重之上，皇帝要了解实情也不是那么容易的。可是忽略了此一情节，主张检举的副考周锡恩也因此而不免蒙谤。《清稗类钞》这样记道："有作联以嘲科场者。光绪朝某科，浙江正主考为殷如璋，副主考为周锡恩，联云：'殷礼不足征，业已如瞆如聋，那有文章操玉尺；周人有言曰，难得恩科恩榜，全凭交易度金针。'"②从周锡恩的信中亦可见，他因主张揭发周福清而受

---

① 转引自陈春生：《周福清科场舞弊案的另一方：从新发现的一则资料说开去》，《湖北师范学院学报》（哲学社会科学版）2015年第5期，第16—17页。

② （清）徐珂编撰：《清稗类钞·嘲科场联》第4册，中华书局2012年版，第1635页。顾家相的《五余读书廛随笔》亦有此联，文字不尽相同，联曰："殷礼不足征，既已如瞆如聋，安识文章量玉尺。周任有言曰，难得恩科恩榜，早来交易度金针。"见薛绥之主编：《鲁迅生平史料汇编》第1辑，天津人民出版社1981年版，第127页。

到"福清同县至好李御史慈铭"的"报仇"。李慈铭讲到科场舞弊之风之盛时说到周锡恩,"今科副考官周锡恩,虽周福清一案举发,而尚多异论,且有鄙亵之事,臣不敢形诸奏牍"[①]。

论理崧骏的奏折是给皇帝看的关于周案最权威的官方文献,但是崧骏对此案之描述却大有讲究,什么当说什么不当说,什么当详什么当略,如何掩饰,如何措辞,都是颇费周章的。看来,倘只依官方"权威文献"来看周福清案,而不加以批判分析,很难还原周案之本相。

秋后待决,庚子出狱

基于崧骏所述之案情,由于此案犯罪未遂,外加有自首情节,1894年1月31日,刑部尚书松溎拟定处罚建议为,交通贿买考官论斩罪,此案当减一等,拟杖一百,流三千里。[②] 对此拟罪,光绪不满意,光绪决定杀周以儆效尤。遂发出上谕:"科场舞弊,例禁綦严,该革员辄敢遣递信函。求通关节。虽与交通贿买已成者有间,未便遽予减等,周福清着改为斩监候,秋后处决,以肃法纪,而儆效尤。"[③] 当初报上还一度误传光绪的旨意是"斩立决"。"浙江乡试谋通关节之周福清奉旨科罪,已见报章,兹经本馆派赴杭州访事人来书,云是案初经杭州府陈太

---

① 转引自姚锡佩:《坎坷的仕途——鲁迅祖父周福清史料补略》,《鲁迅研究资料》第7辑,天津人民出版社1980年版,第214页。
② 《刑部尚书臣松溎遵旨议奏折》,可见光绪二十年二月初三日(1894年3月9日)《京报》,转载于《申报》1894年3月20日,12版。
③ 《本馆接奉电音》,《申报》1894年1月31日,1版。

守听断，拟以充发黑龙江，申详抚辕，缮折恭奏，皇上赫然震怒，朱批，斩立决。噫！在周福清固罪无可逭，而倩其谋干者，将何以为情乎？"①光绪的惩罚可以说偏重，毕竟人家犯罪未遂，当然与"斩立决"相比，还是略有余地。

考虑到这一年科考中发生这么多的事，特别是三件科场弊案，就不难理解光绪的恼火了，这或许是光绪加重处罚周福清的一个因素。当时就有人称："本届科场之案层垒如山，如浙江周福清，顺天周学熙、汤宝森、蔡学渊、陈步銮、黄树森、万航先后事发，以致或办、或革、或另行覆试。兹陕西又挂弹章，宜乎圣上赫然震怒也。"②难怪周福清在杭州狱牢中大骂光绪为"呆皇帝"了。

与刑部拟定的刑罚来看，此案属于重判，与科考舞弊当斩的判例来看，此案属于轻判。时人认为这"斩监候"的判决已算是宽大的了。

> 虽然，莫谓此案既已从宽，而日后尚可以幸试也，独不观咸丰戊年科顺天巨案乎？是科仅悮中一小伶耳，仅徇情收受条子耳，而相首柏葰既婴棨水加髦之显典，此外市曹骈首者，更累累若贯珠。今者弊窦之多不亚于当日，设一旦皇上赫然震怒，援成案以定罪名，恐处以极刑者，尚不第周福清一人已也。至于陕西一案，关涉主考行贿，尤足骇人听闻，本馆章定，凡局外人所送论说新闻概不登报，

---

① 《灵鹫嬉春》，《申报》1894年2月21日，2版。
② 《严查纳贿》，《申报》1894年1月8日，2版。

案之未经谳定者，虽登而不得著为论说，此案甫经讯究，未定爰书，仆虽不才，惟有遵守章程，暂安缄默而已，欲观议论请俟他时。[①]

1894年5月9日，浙省各县人犯集体审理，这其中最著名的案子就是周案，第一号人犯即为周福清。报上报道了当时的情形。

  浙江各县秋审人犯业已陆续解至省垣，护□宪刘中丞于初五日在抚署大堂，会同司道亲鞫。是日黎明，藩臬两司及巡道首府首县先在官厅伺候。至辰刻，中丞盛服而出，四营武弁率同兵丁站围，司道各官进谒，中丞升座后，各官均就位，挝鼓三通，辕门大开，按经历带同差役将各犯由四角门进，共计四十一起，犯人四十三名，逐一提讯录供。
  第一起系犯官周福清。由杭府特委府照厅至，府监亲提。该犯官乘舆而来，身穿元青外褂，头戴空梁凉帽，头套细练，至辕门外下轿，俟抚宪升堂，即由西角门带入，先望阙叩谢天恩，然后向公座行一跪礼，各宪均拱手相答。即将原供重录一遍，仍由方照磨带回府监收禁，该犯官所犯事关科场大典，部拟杖一百、流三千里，旋奉谕旨改为斩监候，秋后处决，本在不赦之例，本年恭逢皇太后六旬万寿，已奉恩诏情实，各犯一概停勾，该犯官虽得暂稽显

---

① 《科场刍议》，《申报》1894年2月18日，1版。

戮，然恐终难幸逃法网也。①

照例，各犯分发日常用品，"每名给草席一床、扇一柄、手巾一块、青蚨二百翼、角黍四枚、凉鞋一双"。这时，周氏做出一惊人之举，竟将所发钱物抛掷中丞！"兹闻当日犯官周福清由府监提出，押解抚辕审勘后给以钱物，周福清将所给各物向中丞抛掷，幸站立各员遮护不致被其击中，中丞不与计较，但微哂而已。"② 其胆子不可谓不大。也可见其内心之不平。

庆幸的是，1894 年，正值被周福清骂作"昏太后"的慈禧六旬大寿，犯人得以"停勾"，但停勾不是免勾，论理，他只是暂活而已。

随后 7 月，中日甲午战争爆发，是年秋决之日，报上还有误传周福清被处决的传言。

> 杭垣癸巳科乡试谋通关节之周福清奉旨斩监候，秋后处决，至今适当其期。上月二十八日，接部文钉封斩盗犯二名、女犯二名，不知者悮以为周福清，遍传城厢，言之凿凿，竟若目睹也者。卒之仍系囹圄，尚未明正典刑，兹又谣传初三日处决不知确否？③

转眼一年过去，甲午败战后，1895 年 5 月 2 日，又是一年一度的秋审之时，同时给各人犯发钱发物。"司狱官督同禁役将

---

① 《杭垣秋审》，《申报》1894 年 5 月 15 日，2 版。
② 《犯官无礼》，《申报》1894 年 5 月 20 日，2 版。
③ 《要犯未决》，《申报》1894 年 9 月 7 日，2 版。

各犯由东角门带入逐一勘录,即由执事官将应给各物按名分给每犯大钱二百文、草席一条、角黎四枚、手巾一方、扇一柄,给毕后,由西角门带出。司道各官起立打恭告退,抚宪乃退入后堂,升炮掩门。""又上年缓决犯官周福清一名,已减作军罪,因未充发,尚未过堂也。"① 从中可知周福清已由斩监候减为充军。

1896年浙省秋审中,"每四月举行秋审大典,各属应录重囚,由该管府委员解至省垣,刻有陆续解到内有犯官周福清一员,羁禁府监已有三载,原定斩监候秋后处决,甲午秋审时归入下届办理,去岁特奉恩诏,除十恶不赦外,各省应勾人犯概行停勾,是以归入本年补录。系属官犯,例应另派委员提解,日前杭州府林太守特派本署照磨方参军亲提,赴院会勘,所有提讯之期,已奉抚宪牌示,定于初六日举行"②。5月18日秋审时,我们可以看到,"有犯官周福清一员,系由府照厅方参军提解带至堂上,先行谢恩,然后勘录,该犯系乘舆而来,头戴空梁缨帽,身穿元青褂,颈系铁练,差役传语,犹称为周大人云"③。

1900年,庚子事变。1901年年初,刑部尚书薛允升上奏,"依照庚子年乱中出狱的犯人,事定后前来投案,悉予免罪的例,也把他放免了"④。署理浙江巡抚、湖南布政使余联沅上奏:

---

① 《浙省秋审》,《申报》1895年5月9日,2版。
② 《浙省官场纪事》,《申报》1896年5月22日,3版。
③ 《浙省秋审》,《申报》1896年6月5日,2版。
④ 周作人:《鲁迅的青年时代》,止庵校订,北京十月文艺出版社2013年版,第14页。关于周福清获释还有一种说法是说,1939年,无名氏称:"过了数年,听说他(按,指杭州知府陈六笙)的老师赵书(按,舒)翘向慈禧太后去说了一说,说他年老多病,不如释放了倒好。慈禧太后答应了,这件事情总算告了结束。"(《文艺阵地》1939年第4卷第1号,见薛绥之主编:《鲁迅生平史料汇编》第1辑,天津人民出版社1981年版,第92页。)

"官犯周福清一名已准部咨，奏准开释。"四月九日，周家雇船至西兴埠接周福清回绍，这时他已经在狱中待了八年了。而他的儿子周伯宜已于 1896 年病逝，他的孙子鲁迅此时也将完成江南陆师学堂附设矿路学堂的课程，准备渡海日本留学了。1904 年，周福清去世，享年六十有七。

《报章所见之周福清案》发表于《鲁迅研究月刊》2018 年第 3 期

1911年，绍兴禹陵

绍兴府中学堂辛亥春季旅行禹陵纪念。

江南水师学堂考

先是 1893 年 9 月 7 日，祖父科场舞弊案案发，周樟寿等被送到舅家避祸"乞食"，接着父亲患病三年，终于 1896 年 10 月 12 日病死，"小康之家坠入困顿"。"在这途路中，大概可以看见世人的真面目。"①家庭祸不单行，故乡令人厌恶，使得年轻的周樟寿就特别渴望"走异路，逃异地，去寻求别样的人们"。

1898 年 5 月 7 日，17 岁的周樟寿（字豫山，后改豫才）在母亲的眼泪中，第一次离乡远行，负笈南京，投奔在江南水师学堂担任管轮堂监督兼国文教习的叔祖周椒生，考入江南水师学堂，开始了其五年的南京岁月。为避时人的世俗眼光，周椒生将其本名"樟寿"改为"树人"。②从此，这个当初为"遮掩"其本名的名字"周树人"成为日后的"正式"大名，而其本名"周樟寿"反倒不彰。

青年鲁迅在南京的江南水师学堂、江南陆师学堂附设的矿路学堂，这两所军事学堂求学的五年生活，周作人已说得很是

---

① 鲁迅：《呐喊·自序》，《鲁迅全集》第 1 卷，人民文学出版社 2005 年版，第 437 页。
② 关于改名的原因，周作人称："那时学校初办，社会上很看不起，水陆师学生更受轻视，以为是同当兵差不多，因此读书人觉得不值得拿真名字出去，随便改一个充数。"（周作人：《鲁迅的故家》，止庵校订，北京十月文艺出版社 2013 年版，第 115 页。)

简洁清楚。

鲁迅与南京的关系相当不浅,虽然他在南京只是前后五个年头,比起留学日本的七年来,时间要少些。他于前清光绪戊戌(一八九八)年闰三月十一日从绍兴出发,经过杭州上海,于十七日到了南京。四月初五日写信给家里,说往江南水师学堂考试,作论文一篇,题为"武有七德论",考取为试习生,将来有缺可补二班。他所进的是水师的管轮班,即是后来所谓轮机科,但是他在那里只留了半年,于十月中回到家里,那时他因为学堂里太是"乌烟瘴气",已经退了学了。到了十一月二十四日又动身往南京去,改入江南陆师学堂附设的矿路学堂,十二月十七日家信附寄功课单一纸回来,可以证明已经考进学校了。至辛丑(一九〇一)年十二月初八日起毕业大考,壬寅(一九〇二)年正月决定派赴日本留学,二月十五日乃离南京赴上海,转往东京去了。[①]

这两所学堂,特别是后者,所造就的人才中,对现代中国思想、文化影响最大,最为著名的人物恐怕非鲁迅莫属,当然,周作人也是其培养的一个著名的学生。这两所学校没有将周树人培养成一个海军军事人才或一个采矿工程师,却为日后"鲁迅"的横空出世做了必不可少的前期准备。

---

① 周作人:《鲁迅的青年时代》,止庵校订,北京十月文艺出版社2013年版,第107—108页。

对这两所曾经打开其文化视野、刷新其知识结构的新式军事学堂，鲁迅在《朝花夕拾·琐记》中对他当年的学习生活有所回忆，在《呐喊·自序》《集外集·俄文译本〈阿Q正传〉序及著者自叙传略》《集外集拾遗补编·自传》《华盖集·忽然想到（八）》等文章中亦时有提及。周作人在《知堂回想录》中对他本人求学过的江南水师学堂有过详细的回忆，在《鲁迅的青年时代》中对鲁迅的南京生活有所回忆。这些材料都是今天人们认识和讨论这两个学堂的重要文献。这两所学堂之所以时为人所提及，也多少与周氏兄弟，特别是鲁迅相关。周氏兄弟对这两所学堂的回忆材料的特点在于其着重于个人在学堂中的学习、生活经历，是印象式的描述，相对个性、感性。显然，仅仅依据这些材料来了解这两所学堂是不够的。除此之外，我们还能从当时的官方档案、报刊中找到与这两所军事学校相关的材料，从这些文献中我们大致可以弄清这两个学堂的设立缘起、建造经过、招考章程、课程设置、考核方式、规章制度、学习生活等。

论理鲁迅在江南水师学堂就学时间不长，并对学堂的"乌烟瘴气"倍感失望并随后退学，但却因为江南水师学堂系1898年负笈南京的鲁迅的第一个"落脚地"，对一般人来说，其"知名度"竟盖过日后他学习三年、最终拿到文凭且获益匪浅的江南陆师学堂附设的矿路学堂。这里，我们结合看到的一些史料，着重对江南水师学堂做一番考证。

惩前毖后，大治水师

近代中国，祸起海上。建设和发展海军自然而然成为必然选择。可是，与传统陆军不同的是，海军的作战环境更为严苛，作战要求更高（如李鸿章云，"若水师将才则尤难"[1]），在"有船"（或购船、或造船）的前提下，你首先得会驾船、会打炮。因此，对海军士兵来说，不光要有"忠勇"，还要有相应的专业知识和技能。"泰西各国选将练兵以及百工技艺，无不出于学校。武备一院，选聪颖子弟读书十数年，再令入伍习练，虽王子之贵，皆视为急务，历练既深，又多学问，故能将才辈出。其操练步伐、驾船用器，皆有一定程度，非读书精熟加以阅历，不能罄其秘要。"[2] 于是，造就军事技术人才的学堂之设便是顺理成章的事了。

清季海军学堂之设，始于福建船政的前后学堂。"清自道光、咸丰以降，海疆多事，清廷忧之。……同治五年（1866）左宗棠督闽，知防海必须造舰，造舰必先培才。保沈葆桢为总理船政大臣，设学之事属焉。是为中国防海设军之始，亦即海军铸才设校之基。"[3] 福建船政学堂为中国海军学堂之肇始，与江南水、陆师学堂培养出现代中国思想巨子鲁迅相似，福建船政学堂也培养了一个近代中国思想巨子严复，而前者在学堂求学之时，曾痴迷地阅读后者翻译的《天演论》，并深受书中思想的开启和鼓舞。对近现代中国来说，晚清军事学堂之设的初衷自然在于军事目的，但却"意外地"收获了两位思想巨子。可谓

---

[1] 李鸿章：《复议水师事宜折》（光绪十一年七月初二日），见高时良编：《中国近代教育史资料汇编·洋务运动时期教育》，上海教育出版社1992年版，第417页。

[2] （清）薛福成：《酌议北洋海防水师章程》（光绪七年），见张侠等编：《清末海军史料》上，海洋出版社1982年版，第29—30页。

[3] （清）林献炘：《海军各学校沿革之概况》，见张侠等编：《清末海军史料》上，海洋出版社1982年版，第430页。

是"失之东隅，收之桑榆"。他们虽然没成为在大海上劈波斩浪的"水手"，却成为引导中国思想潮流的"旗手"。

"开图绘之馆，设练习之船，创水陆师之堂，肇于福建，大于北洋，流衍于各行省。"① 在福建船政学堂孤独前行十四年后，光绪六年七月十四日（1880年8月19日），李鸿章奏请筹办天津水师学堂。"应就天津机器局度地建设水师学堂。俟落成后参酌西国成规，拣派监督教习，招考学生入堂肄业，逐渐练习。"② 而北洋水师学堂正是"照闽厂章程稍加变通"③ 而来。

可谓"吃一堑，长一智"。如果说，两次鸦片战争之败促成了福建船政学堂之设立，那到了1884年，中法战争之败则促成了沿海省份水师学堂的陆续开设。

1884年，法国入侵越南，中法爆发战争。战争在陆海进行，在陆战中，法军未能占多大便宜，但是在海战中，由于力量对比悬殊，法国远东舰队攻击马尾，船厂、水师、炮台全被轰毁，随后犯闽的"中国海及日本海分舰队"与在越南的"东京湾分舰队"组成"法国远东舰队"入侵台湾，大获全胜。1885年，中法和谈，6月9日，在天津签订《中法会订越南条约》，中方承认法国对法属印度支那诸殖民地的宗主权。受此海战之刺激，和局甫成，光绪帝于光绪十一年五月初九日（1885

---

① （清）何熙年：《上张香帅言武备学堂事宜书》（光绪二十二年），见高时良编：《中国近代教育史资料汇编·洋务运动时期教育》，上海教育出版社1992年版，第428页。

② （清）李鸿章：《筹办天津水师学堂片》（光绪六年七月十四日），见顾廷龙、戴逸主编：《李鸿章全集》第9卷，安徽教育出版社2008年版，第138页。

③ 薛福成：《酌议北洋海防水师章程》，见张侠等编：《清末海军史料》上，海洋出版社1982年版，第30页。

年6月21日）就发出痛定思痛，惩前毖后，大治水师的上谕。

> 上年法人寻衅，叠次开仗，陆路各军屡获大胜，尚能张我军威；如果水师得力，互相援应，何至处处牵制。当此事定之时，惩前毖后，自以大治水师为主。船厂应如何增拓，炮台应如何安设，枪械应如何精造，均须破除常格，实力讲求。至于遴选将才，筹画经费，尤应谋之于豫，庶临事确有把握。①

筹议海防，筹建海军，一则要有船，一则要有人。要有舰船，无非两途，一则靠买，一则靠造。应一时之需只能靠买，做长久打算必须能造。显然，造不如买来得便捷，买不如造来得实惠。光绪就称"至借洋债以购兵轮，究非长策"②，实为确论。可是，要造船就得开矿镕炼，要开矿镕炼就得要挖煤，有了舰船，还要有人驾驶、维修，要能做这些事，都离不开"作育人材"。"然除学堂、练船外，实无可造就将才之处。"③这就要求设立学校以培养自己的军事技术、工业技术人才。

光绪十一年六月二日（1885年7月13日），遵旨筹议海防的两江总督曾国荃提议，依照英国规制，"在金陵下关设立水师

---

① 朱寿朋编：《光绪朝东华录》（第二册），中华书局1958年版，光绪十年五月丁未条，第1943页。
② 《两江总督曾国荃遵旨筹议海防折》（光绪十一年六月二日），见张侠等编：《清末海军史料》上，海洋出版社1982年版，第45页。
③ （清）李鸿章：《复议水师事宜折》（光绪十一年七月初二日），见高时良编：《中国近代教育史资料汇编·洋务运动时期教育》，上海教育出版社1992年版，第417页。

学堂",这恐怕是在南京设立江南水师学堂的最初动议。

> 将来铁甲、雷、快等船造齐以后,必需有善于管驾之人,方能折冲御侮。诚如圣谕,遴选将才,尤应谋之于预。查西法管驾,必由炮手、队长、队总逐渐涛升。幼而学,壮而行,故能尽其所长。今拟仿照,在金陵下关设立水师学堂,购备仪器图籍,广招粗通洋文之年少子弟,聘请英国水师解组半俸之大员来华,分科教授天算、地舆、测量、驾驶、布阵、攻坚、鱼雷各法。每六阅月,由教师带同学生乘坐操练兵轮,放洋游历五大洲,操习风涛沙线;一遇泰西海上有争战之事,纵之使观。每届一年,由南洋大臣考试一次,分别赏罚。约计数年后,于驾驶各法自能通晓,拔其优者,派入各兵船充当管驾,庶水师足成劲旅。①

与购舰造舰的硬件建设相比,造就人才的"软件建设"绝非一朝一夕之功,时不我待,况且假借外员,不能自主,且有风险。光绪十五年七月二十七日(1889年8月23日),志锐奏称,当务之急是多设海军学堂,以为将来储才。

> 故近者急求武备,造船购舰,而督率驾驶之人,仍不能不借材于异地。万一争战事起,皆守局外中立之公法,解约而去,仓卒遣将,能不寒心?方今教练将材尤为海军

---

① 《两江总督曾国荃遵旨筹议海防折》(光绪十一年六月二日),见张侠等编:《清末海军史料》上,海洋出版社1982年版,第44—45页。

先务。船即未坚，炮即未利，一旦购之他国，尚可咄嗟立办。若将材则必须月省岁试，宽以时日，乃能有成。及今为之，收效已在十年之后；若不亟图，不且委船舰予无用之地乎？拟请旨饬下沿海督抚，多设海军学堂，或于承袭难裔，或于驻防兵丁，聪颖能通汉文者，厚其薪水，责令练习。其有举、贡、生员愿习海军者，学能有成，请勿拘常格，优加拔擢。务使风声所树，人人以尚武为荣，庶可收得人之效矣。①

同志锐意见相似，奕劻也奏称造就海军人才之难，然引进人才"终是授人以柄"，"拟请饬令沿海闽、粤、江、浙各省广设水师学堂"。

按海军之选，除学堂、练船外，无可造就。惟海军之学分为堂课、船课二种，堂课则习天文、算法、地舆、测量、汽学、化学等艺，船课则习海道、驾驶、帆缆、枪炮、列阵迎敌诸法；西国水师将材辈出，未有不由此者。以上等之资而论，非勤习十五年不足充管驾之选。设以十五岁应考入堂，学成年已三十岁。资质较钝者无论已。其课程之繁，义理之奥，诚不易言。然若不详究底蕴，仅借洋人充船主、大副等紧要司事，终是授人以柄，不得谓之中国海军。拟请饬令沿海闽、粤、江、浙各省广设水师学堂，

---

① （清）志锐：《请饬沿海督抚多设海军学堂折》（光绪十五年七月二十七日），见高时良编：《中国近代教育史资料汇编·洋务运动时期教育》，上海教育出版社1992年版，第424页。

挑选学生，但择身家清白，体气壮健，文字通顺，不拘一格，难裔、兵丁、生监咸与挑选，教以海军诸学，以北洋练船为总汇之区。每届五年，责成各省选出优生若干人，造册咨报臣衙门，由臣等咨会北洋大臣，将该优生等调至北洋，严行考选，拨入练船，勤加训练。十数年后，自可多得将材矣。①

正是在这样的时代要求和社会背景下，两江总督曾国荃自然就行动起来。江南水师学堂之创设并不难，前有李鸿章在天津开办的天津水师学堂可资参考，当然，北洋水师学堂又是"照闽厂章程稍加变通"而来。光绪十六年（1890年），两江总督曾国荃在给李鸿章的信函中说：

至水师学堂为操练人才之地，既经通饬沿海省分一律创设，南洋自当遵照办理，惟此事必得条理精详，课程严密，方能奏效。敝处既无成法可循，亦惟有上为将伯之呼。尊处学堂经我公苦心缔造，已具成规，并祈俯赐饬局录示章程，俾得奉为前路之导。②

当年九月，曾国荃病逝。几乎与此同时，江南水师学堂正

---

① （清）奕劻：《请饬沿海各省广设水师学堂折》（光绪十五年九月二十五日），见高时良编：《中国近代教育史资料汇编·洋务运动时期教育》，上海教育出版社1992年版，第425页。

② （清）曾国荃：《复李中堂》，见萧荣爵编辑：《曾忠襄公全集》卷21，台北成文出版社1969年版，第5484页。

式建成，并开始招生。

觅地建堂，延请教习

江南水师学堂论理当设置在靠海的上海，为何却选址在南京？1892年的《格致汇编》上是这样说的：

> 初设堂时或疑上海为最合宜之地，于讲习水师兵船诸事更便于在华他处。若金陵者，不滨海河，亦非港口，与西国往来贸易似多不便云云。殊不知江宁为南洋适中之地，制宪近在咫尺，易于督办责成。又地处僻静，宜于力读，景无繁华，不致分心。不似上海奢华，多有误人之处。故在金陵设水师学堂亦属合宜之地。[①]

江南水师学堂于1890年5月开建堂舍，8月完工，9月正式开办。

光绪十六年十二月二十日（1891年1月29日）署理两江总督兼署南洋大臣、安徽巡抚臣的沈秉成上奏陈明江南创设水师学堂筹办经过和动用银两情形。

> 伏查水师学堂系仿诸西法，其课程之繁，义理之要，如海军衙门所云，诚不易言。天津、福建等处虽已办有成

[①] 《南洋水师学堂考试纪略》，见傅兰雅主编：《格致汇编》1892年第3卷，凤凰出版社2016年版，第3103页。亦可见高时良：《中国近代教育史资料汇编·洋务运动时期教育》，上海教育出版社1992年版，第478—479页。

规，南洋事属创举。堂中规制课程，分门别类，固须借资群策群力，即觅地建堂，购备仪器，亦当审度形势，详加考究，以适于用。查天津水师学堂系就机器局余地建造续添，管轮学堂又系水雷学堂改设，继长增高，逐渐推广。现照海军衙门所拟，水师学生就上等之资而论，非勤习十五年不足充管驾之选。议定堂课，每届五年，选出优生咨报海军衙门，调至北洋，考入练船，加习船课。举凡学堂应肄工课，管轮则轮机理法、制造、运用诸学，驾驶则天文、舆地、测算、攻战诸法，均须兼营并进，方能依限毕业，则堂中应办各事即须一律齐备。且南洋学生既须送往北洋加习船课，一切规模动作，又须参仿北洋情形办理，应将来南北学生同上练船，得以练成一气，可无隔阂之虑。诸如此类，值此创办之时，必须预为周密布置，始可速收成效。当因派充该堂之洋文正教习兼办提调沈敦和，系由外国学堂出身，熟谙西法，饬令前赴北洋学堂亲为考究。一面于江宁省城仪凤门内，购觅基地，招雇洋匠。先令匠人各自密开造价，然后择其价值最廉者，与之核实定议，令其如式包造。天津系通商口岸，洋教习居住之处，就近有洋楼可以租赁；江宁地居腹里，必得另为建造。俾使楼上又添设华操厂舍以练筋力，建置大桅帆缆以练胆气，皆为学堂必不可少之务，加以机器、汽锤、打铁、翻沙、造模、鱼雷等厂，汉文、洋文、诵画教习、监督委员人等住房，大厅、饭厅、门楼、库房、大烟囱、测量台、水池、操场、厨厕、井灶，无一不备。凡为屋三百五十余所，工料均极坚固，局势颇为宏敞。共造价库平银四万九千七百余两，一外加购地库平银七万余两；又制备各种铜铁、机器、汽炉、测量、航海仪器、图籍、体操器具等件，系由洋教习在洋代为经办；又购办中国书籍、木器、杂物等项，共库平银一千六百余两以上，用款即系动支所措财费。

至各项教习、监督，必须技艺优长，品学兼备，方能循循善诱，督率训练；学生必须资质聪颖，体气强壮，庶几易于造就，兼耐劳苦。所需教习、洋员，系延自英国久充教习著名之员。一名彭耐尔，系教习驾驶诸学；一名希尔逊，系教习管轮诸法。供差年限、薪费、安家路费等项，均立有合同。其余洋文、汉文各项教习以及监督等员，或调自天津，或选自各局。学生则募自上海等处，曾习英文、英译，并经西医验明气华壮实，堪以入选者，方行录取。分别驾驶、管轮两门，各计额设学生六十名。按日轮课中西学艺，循序教授。按季考试，就其造诣浅深以定班次等第。并将原设之鱼雷学堂裁撤，挑选优等学生送至旅顺鱼雷营加习海操，其余归并堂内，以示节省。由该堂总办桂嵩庆、郭道直先后督用，提调沈敦和将堂中应办事宜、逐日应习课程厘定规条，于光绪十六年九月起开堂肄业。总办堂务之道员现系暂行兼差，不支薪水，每月只给支价公费银六十两。以后如派员专办，应仍改给薪水，以昭公允。统计委员、教习、监督、文案、医官、司事、匠役人等薪水辛工，以及学生饭食赡银、办公杂费等项，每月额支库平银二千二百两。其中款目虽较北洋增多，均系因地制宜，量事损益，核计月支银数实较北洋尚为减少，委属格外撙节。其驾驶、管轮教习、洋员薪费等项，以及添购中外书籍料物价值，未能预计之款，均查照天津成案归入活支，随时核实开报。教习体操事宜，现在暂令监督教习权行兼办，仍俟将来延订有人，再行酌定薪水，另行核办。惟是此举如造就水师人才，事极繁重，是以北洋历将在事出力之员，援照总理衙门同文馆成案，二年奏保一次。北洋学堂系次第扩充，成事较易；今南洋即于创始之际，凡学堂应备诸务均一气呵成，办理已属较难，堂课又经海军衙门定有期限，一切课程尤当加紧董率教授。如果在事各员得能始终奋勉，办理着有成效，应仰恳天恩俯准援照北洋成案，给予奖叙，以示鼓励。[1]

南洋水师学堂"软件"建设虽有北洋水师学堂可以"照猫画虎"，但在"硬件"建设方面却与北洋不同。北洋学堂系"次第扩充"，办理较易，而南洋水师学堂则需"一气呵成"，办理较难。

擘画江南水师学堂，沈敦和出力甚多。"前任制军创此举时，派办理洋务局员沈君仲礼妥议章程，饬委照办，是成此役者，沈君之力为多。按沈君为人，有才有识，聪敏逾恒，初习英文并格致要学，后赴英京详习西学洋务，制军委襄此举，可谓用得其人。"[2]

---

[1] （清）沈秉成：《江南创设水师学堂工竣开课谨筹办情形折》（光绪十六年十二月二十日），见高时良编：《中国近代教育史资料汇编·洋务运动时期教育》，上海教育出版社1992年版，第469—470页。

[2] 《南洋水师学堂考试纪略》，见傅兰雅主编：《格致汇编》1892年第3卷，凤凰出版社2016年版，第3103页。亦可见高时良编《中国近代教育史资料汇编·洋务运动时期教育》，上海教育出版社1992年版，第479页。

沈敦和（1866—1920），字仲礼，浙江宁波人，早年留学英国剑桥大学法政科。"自幼殚于泰西之学，语言文字，无一不精，而又能使中西一贯"，"其于华文则金石诗古皆能贯而通之，于洋务则于光化电重诸学皆能抵掌而谈，如数家珍"。[1] 可谓学贯中西。沈氏留学西洋，积极倡扬西学，开启民智。他曾将"地球之图缩印于纨扇上以见赠"[2]，时人争求而未易得，后来杨仁山游欧后，仿其做法，"因倩名手仿其制而精为之，更以石板印成千百柄，携归以公同好"[3]。由于其精通西学、熟悉洋务，成为刘坤一处理洋务和对外交涉的重要帮手。1881年，南洋大臣刘坤一在金陵设电报局，札调在上海会审公署办理洋务之沈仲礼少尉敦和赴宁办电报。[4] 沈氏督率金陵同文馆学生学习电报诸法，颇有成绩，后又担任金陵水雷局／学堂提调。甲午之际，会办沿江炮台操练事务，后总理江南所练自强军营务。光绪三十年（1904年），在上海发起成立了上海万国红十字会（中国红十字会的前身），从事实业和慈善业多年。

沈仲礼著有《英法俄德四国志略》（被收入《小方壶斋舆地丛钞》补编），他以"其所身亲目覩，以及考之于古，证之于今，其有吻合者则留之，不合者删改而增损之，其为文也，简而赅，其用意也，深而远"[5]。其校定的《西学课程汇编》（出洋肄业同人译），"于泰西书院规条晰至精，学术名称罗举悉

---

[1] 《英法俄德四国志略书后》，《申报》1893年1月14日，1版。
[2] 《英法俄德四国志略书后》，《申报》1893年1月14日，1版。
[3] 《惠扇志谢》，《申报》1885年5月28日，4版。
[4] 《电局调员》，《申报》1881年12月8日，1版。
[5] 《英法俄德四国志略书后》，《申报》1893年1月14日，1版。

备"①。甲午之时译有《日本师船考》,"凡各船之大小若何,速率若何,制自何年,成于何厂,钩稽详细,一览了然,前冠各兵船图,尤足以洞敌情而资攻击"②。还译有《德国军制述要》《借箸筹防论略》(二书为德国子爵来春石泰游戎著)等。③

这个精通西学、熟悉洋务的人成为擘画江南水师学堂的重要人物。对于江南水师学堂,沈仲礼不光妥议章程,而且依英国水师学堂之样式来设计学堂房屋。

> 学堂房屋形式布置皆沈君匠画,略仿英国水师学堂常见之式,相势绘图,倩上海西工程名家,参阅图式,稍变其制,兴工建造,整齐不紊。公务厅、客厅与学徒住房、饭房、睡房皆照华式,西学堂工艺房,洋教习房则仿西式。登彼小山,遥望局势,皆甚整齐,亦极雅观。另有操场,立高桅,桅挂横杆,如船桅,学者可升以练桅上各操法。运动工艺厂机器之锅炉处,有烟囱矗立甚高,远观此烟囱与高桅,可知堂内教授此两门之业,是此二者为该堂之标识也。堂西有平场,为操枪打靶之区,学徒散馆,亦于此抛球嬉耍,借练身力,亦与西人相似。房屋粗成,须延中西教习以备开馆,乃预函致英国,聘请英兵船供事多年者二人:一彭君,在英国家教习水师趸船教授行船各法二十余年,已老手矣,一希君,在英兵船充管轮官亦已多年。之(此)二人者,延充该堂教习,亦可谓用得其人。后请

---

① 《新出西学课程汇编》,《申报》1885年9月5日,4版。
② 《石印新译日本师船考告成》,《申报》1894年9月14日,1版。
③ 《新印德国军制述要借箸筹防论略合编》,《申报》1896年11月25日,1版。

在津水师学堂习业取中者数人，充辅教习，至习中国经书文艺者，则有宿儒为之教读。①

学生住中式，洋员住西式，可谓是中西结合。

学堂标志性建筑就是一个"烟囱"与一个"高桅"。恰好是管轮与驾驶两堂之代表。烟囱是运动工艺厂机器锅炉处所用，桅杆是供学生练桅上各操法。鲁迅云："一进仪凤门，便可以看见它那二十丈高的桅杆和不知多高的烟通。"②周作人亦云："水师陆师两个学堂都在南京的城北，水师距旧时的仪凤门不远，它有很高的机器厂的烟囱和桅杆，在近地便可望见。"③鲁迅回忆那高耸的桅杆时说："可爱的是桅杆。但并非如'东邻'的'支那通'所说，因为它'挺然翘然'，又是什么的象征。乃是因为它高，乌鸦喜鹊，都只能停在它的半途的木盘上。人如果爬到顶，便可以近看狮子山，远眺莫愁湖，——但究竟是否真可以眺得那么远，我现在可委实有点记不清楚了。而且不危险，下面张着网，即使跌下来，也不过如一条小鱼落在网子里；况且自从张网以后，听说也还没有人曾经跌下来。"④

"该学堂所择地位，居金陵城内离仪凤门不甚远，地广约

---

① 《南洋水师学堂考试纪略》，见傅兰雅主编：《格致汇编》1892年第3卷，凤凰出版社2016年版，第3103—3104页。亦可见高时良编：《中国近代教育史资料汇编·洋务运动时期教育》，上海教育出版社1992年版，第478—479页。
② 鲁迅：《朝花夕拾·琐记》，《鲁迅全集》第2卷，人民文学出版社2005年版，第303页。
③ 周作人：《鲁迅的青年时代》，止庵校订，北京十月文艺出版社2013年版，第108页。
④ 鲁迅：《朝花夕拾·琐记》，《鲁迅全集》第2卷，人民文学出版社2005年版，第304页。

三四十亩，西有矮山一带，东近南北大路，周有农庄园圃，无异乡间风景，惟远见城墙始悟其在城内，其幽静清雅，于此可见，而他处殆无以过之矣。"①周作人详细地记录了学堂的位置、环境及房屋布局。

从朝东的大门进去，一条阔长的甬道，二门朝南，偏在西头，中间照例是中堂签押房等，附属有文书会计处。后边乃是学生的饭厅，隔着院子南北各三大间，再往北是风雨操场，后面一片广场，竖立着一根桅竿，因为底下张着粗索的网，所以占着不小的面积。以上算是中路。东面靠近大门，有一所小洋房，是给两个头班教习住的，那时驾驶的是何利得，管轮的是彭耐尔，都是英国人，大概不过是海军的尉官吧。隔墙一长埭是驾驶堂，向西开门，其迤北一部与操场相并，北边并排着机器厂与鱼雷厂，又一个厂分作两部，乃是翻沙厂与木工厂。到这里东路就完了。西路南头是一个小院子，接着是洋文讲堂，系东西两面各独立四间，中为砖路甬道，小院有门通外边，容洋教习出入，头班讲堂即在南头，其次为二三班，北头靠东一间原为鱼雷讲堂，靠西的是洋枪库。汉文讲堂在其东偏，系东向的一带厢房，介于中路与东路之间。洋文讲堂之北是一小块空地，西边有门，出去是兵操和打靶的地方，乃是学堂的外边了。管轮堂即在此空地之北，招牌挂在向东的墙

---

① 《南洋水师学堂考试纪略》，见傅兰雅主编：《格致汇编》1892年第3卷，凤凰出版社2016年版，第3103页。亦可见高时良编：《中国近代教育史资料汇编·洋务运动时期教育》，上海教育出版社1992年版，第479页。

外，也是一长埭，构造与驾驶堂一样。后面西北角旧有鱼雷堂，只有十几间房屋，东邻是一所关帝庙。这里本来是一个水池，据说是给学生学游泳用的，因为曾经淹死过两个年幼的学生，所以不但填平了，而且还造了一所"伏魔大帝"的庙。庙里住着打更的老头子，他在清朝打过太平军，是个不大不小的"都司"。①

这便是当年江南水师学堂建造之具体经过和结构布局。

妥议章程，招募俊秀

江南水师学堂建成后，光绪十六年（1890年）九月正式开办并招生。首任总办是蒋锡彤，会办是沈瑜庆，沈瑜庆即船政大臣沈葆桢之子，次年，沈升为总办。我们能在《万国公报》上看到当年发布的《江南水师学堂简明章程》。鉴于此一章程对理解江南水师学堂十分重要，这里将章程全文抄录如下：

---

① 周作人：《知堂回想录》上，止庵校订，北京十月文艺出版社2013年版，第118—119页。关于水池因淹死学生而被填，并盖上关帝庙，鲁迅这样说过："原先还有一个池，给学生学游泳的，这里面却淹死了两个年幼的学生。当我进去时，早填平了，不但填平，上面还造了一所小小的关帝庙。庙旁是一座焚化字纸的砖炉，炉口上方横写着四个大字道：'敬惜字纸'。只可惜那两个淹死鬼失了池子，难讨替代，总在左近徘徊，虽然已有'伏魔大帝关圣帝君'镇压着。办学的人大概是好心肠的，所以每年七月十五，总请一群和尚到雨天操场来放焰口，一个红鼻而胖的大和尚戴上毗卢帽，捏诀，念咒：'回资罗，普弥耶吽！唵吽！唵！耶！吽！！！'"（鲁迅：《朝花夕拾·琐记》，《鲁迅全集》第2卷，人民文学出版社2005年版，第304—305页。）

江南水师学堂简明章程

一、方今振兴海军必以培养水师人材为先务,而训练之方咸推英国为最精,今者江南奉旨创设水师学堂,参仿北洋章程并照英国训练水师办法,分列驾驶管轮两门,延订英国水师教习二员,洋文汉教习四员,在堂分班训练。

惟其图籍俱属英文,欲读其书,必先识其文,故招募学生自以已通英文者为重,今拟招募俊秀子弟一百二十人,不拘省分籍贯,自十三岁以上,二十岁以下,已读二三经,能作策论,文理通顺,曾习英文三四年者,俟本学堂出示招考时,开明籍贯年貌三代,来堂投考,察其年貌相符,中英文字通顺,再由西医验明气体结壮,身无隐疾,即由本人家属出具甘结及绅士保结,声明家身清白并非寄籍外国,亦不崇奉异邪等教,当留堂试习四个月,再行察看。或口齿不灵,或情性执拗,举止轻浮,即行剔退另选,甘保二结发还。其自外省投习者,往来不给川资。其已录取者,在堂以五年为期,于甘结内声明,未满五年,不得自行告退请假完娶,并不得率应童予试。各学生中西文武功课兼营并习,刻无暇晷,至升桅泅水,习风涛施放枪炮水雷,不独功课繁重,且须登高履险,如有他虞,各听天命,倘或借众滋事或畏难逃学,除将该生革除外,仍行县提其家属,追缴历领赡银,以警效尤。

一、学堂分驾驶管轮两门,各以六十人为额,以二十人为一班。学生入堂试习四个月分别去留,后视其英文浅深,第其资质进境,分作一、二、三班。英文胜者为一班,每月每人除饭食外给赡银四两，次者为第二班，每人除饭食外给赡银三两，再次者为第三班，每月每人除饭食外给赡银二两，其在堂试习未满四月者，只与饭食不给赡银。

一、驾驶学生所习以精求英国文法为第一要义，然后次第授以几何、代数、平三角弧三角、中西海道、星辰部位、升桅帆缆、划船泅水、枪炮步伐、水电鱼雷、重学、微积、驾驶、御风测量、躔晷、绘图诸法、轮机理要、格致、化学，凡为兵船将领应知应能之事均应学习。

一、管轮学生原为将来管理兵船机器之选，故精习英国文法后，所习勾股算学较驾驶学生更须精深，并加习气学、力学、水学、火学、轮机理法、推算绘图诸法，除在堂分时课授外，再由洋教习领赴堂外机器厂、绘图房、鱼雷厂、木厂，打铁、翻砂、铸铜，学习修理轮机器各项手艺，俟造诣渐深，即责令学生等试造机器以证实效。

一、学堂设汉文教习六员，驾驶管轮学生分时讲授《春秋》《左传》《战国策》《孙吴兵法》《读史兵略》诸书，并有经济之文以扩知识，定期由教习命题作论呈送改阅。

两项学生每日傍晚放学后，均由赴习艺场操习泰西跳跃攀跻各种武艺以壮筋骨。

两项学生晚饭后，自七点钟起至九点钟正，在房各自研习日间所授各业，以备明辰答问。

一、学生遇有疾病，由学堂官医诊治给发药费，疾重验准给假回家，痊日来堂不给药费，外省学生来往亦不给川资。

一、当日父兄来堂看视或遣人送物来堂，概不留饭。

一、学生每日早晚三餐均由学堂给饭，夏月澡水亦由学堂备办，常日薙发洗衣等用，均由本人自给。

一、学堂应用中英书籍、外国纸笔、灯油等，均由学堂备办。

一、外省外府外县学生家信应交由监督派差饬寄，勿得自行托故出堂。

一、学生房内洒扫添灯等事，均由听差伺应。

一、学堂规条另行榜悬堂中，学生如有违犯，轻则由教习监督随时惩责，重则立予革退，另行选补。

一、学生入堂半年后，春夏分两季小考，由学堂总办禀请派员会同考校，并派熟谙水师洋员同洋教习校阅试卷，统核分数，酌拟甲乙，由监考官会同总办呈送南洋大臣鉴定，分别奖赏，列榜晓示。其秋季西学汉文分期大考，由总办呈送南洋大臣定期亲临阅试，考列在一班前六名者除月加赡银外，赏给功牌衣料以重作养以示鼓励。

一、两项学生每逢季考后列前茅者，由洋教习带上兵船学操帆缆枪炮等事，并展轮出洋，预习风涛以壮胆略。

一、各学生五年堂课毕业后，择优禀请咨报海军衙门，一面咨送北洋大臣考选拔入练船，再加学习海道沙线岛屿，驾驶帆缆，列阵迎敌诸船课；一面续选幼童入堂充补缺额。

一、学生于船课毕业后，由北洋大臣一体考验中式分别等次，并照海军定章随时分别咨部给奖，以千总把总后补或调回南洋量材器使，其材艺出众者派赴泰西再求精进，以备大用。①

这个学堂章程对学校性质、报名招考、课程设置、福利待遇、考试制度、规章制度、毕业分配都有全面的交代。

从章程上看，江南水师学堂对学生的要求不可谓不高。考生需"开明籍贯年貌三代，来堂投考，察其年貌相符，中英文字通顺"。这在当时恐怕并非一个能容易达到的条件。有意思的是，当年江南水师学堂的招生条件与今天一些非公立学校的招生条件有些相似。

对于这样的高要求，当年《申报》上就说，要是能达到你所开列的这些条件的弟子，他们自然会有更好的出路，怎么会选择到你这个军校去混？

> 定章云，招募俊秀子弟，须年在十三岁以上二十岁以下，已读二三经，能作策论，文理通顺，曾习英文三四年者。夫二十以下文理通顺之子弟，已不可多得，既有之，又岂肯弃汉文而习英文？况□求其已习英文三四年哉，且即使缙绅巨族之中有此聪明之子弟，有特识之父兄，欲其谙于西文，学为时用，则□延师至家，以俟学成为后日星使、参赞、翻译之用，孰肯以聪明俊秀之子弟而令其冒波涛、触锋刃之险哉？合式者□不可得势，不得不降格以求于荜门□□之中，取蓬头历齿之子以应募。……章程又云留堂试习或性情执拗，举止轻浮即行剔退。夫习西学者往

---

① 《江南水师学堂简明章程》，《万国公报》1890年11月。

往任情纵恣,洋气逼人,不必问其学业若何,远而望之,其恣睢暴戾之神情已觉,可望而不可即。此等子弟固不可留,然用人之知去其诈,用人之仁去其愚,诚以全才难得,瑕瑜不妨互见也。凡天下之人椎鲁者多执拗,灵敏者近轻浮,欲其寓精明于浑厚之中,则非学问已深,必其□质至美,具此器度,可以希圣,可以希贤,何必升桅泅水与走卒竞一披之长哉?

该论不光"吐槽"招生条件之严苛,而且"吐槽"学堂中西并学、文武兼修会导致课业之繁重。

> 且文武之不并习久矣,民出赋以养兵,兵出力以卫国,三代以还,为中国尽善尽美之法。故文自习文而不预武,武自习武而不预文。今学者既欲习升桅泅水、冒习风涛、施放枪炮等事,又欲通左传、国策、作策论等文,是犹古人之春夏读书、秋冬讲武也,于数千百年以后而欲放三代之所为,吾知其难矣。即泰西诸国之习水师者,谅亦不至繁重若是。盖业必专而后精,一人之身而欲其中西并学,文武兼长,势固有所不能也。①

从章程的内容,可窥得办学者的雄心和理想。当然,凡事起始总是"心比天高"的,但从现实角度来看,恐怕又难以实行。1890年10月11日,《申报》刊载的"钦加布政使衔、总办

---

① 《书江南水师学堂章程后》,《申报》1890年8月14日,1版。

江南筹防局兼管水师学堂事宜、前淮扬海兵备道桂（桂嵩庆）"发布的招考告示中就云，"如仅粗识洋文，不必投考"，要进该学堂，"英文"是必备条件。① 因为学堂每周四天（周作人说"五天"）是全英文上课，而且是用英文讲授各种专业课，不懂英语，自然无法进行。这与十年前，即 1880 年李鸿章在天津开办北洋水师学堂时对学生的要求相比，要高多了。当时招生条件是，"良家子弟，自十三岁以上，十七岁以下，已经读书数年，读过两三经，能作小讲半篇或全篇者，准取"②。对英语全然没要求，当然，这也与南北地域和风气之差异有关，因为，"其时北方风气未开，学生入堂之初，非惟于西语、西学咸所未闻，即中国文字亦仅粗通"③。而与北方相比，南方风气相对开通。

"吐槽"归"吐槽"，特别是拥有一些英文书院、学堂的上海，通习洋文的学生也不是没有，英语并非其"拦路虎"。

江南水师学堂招考，必先试以英文、翻译、地理、算学四门，皆有可观，方能中选。现在第一案及近日所取精通洋文者，皆出自中西书院、万航渡虹口英文书院、麦家圈诸学堂。西师教法精勤，人才辈出，其中学生间有帮教得力之人，为西师所殷殷惜去者。江南学堂原定章程，须试习四个月，第其资质进境，再给赡银。惟沪上诸生均系

---

① 《招考告示》，《申报》1890 年 10 月 11 日，3 版。
② 《天津新设水师学堂章程》，《万国公报》第 631 卷，见高时良编：《中国近代教育史资料汇编·洋务运动时期教育》，上海教育出版社 1992 年版，第 436 页。
③ （清）李鸿章：《水师学堂请奖折》（光绪十年十一月初五日），见顾廷龙、戴逸主编：《李鸿章全集》第 10 卷，安徽教育出版社 2008 年版，第 649 页。

通习洋文,学有成效,闻现定新章,此等学生到堂无庸试习,即给赡银,以示优待。招考已展期至二十日左右,可免珊网遗珠之憾。我国家讲求防务,侧席求贤,广招俊乂,黾勉五年,即成大器,此为江南数十年未有之际会,时乎不再,有志请缨者,想必奋袂兴起也。①

江南水师学堂章程发布后,在上海的景行里,设有招考学生之处,不断发布招生广告招揽学生报考。广告云:"每日自九点钟至四点钟止,挨次考试,俟陆续取足后,即带赴金陵肄业,学堂开办在即,远近各生务望速至。"②

在当时,能符其条件的学生,都是有了一定的学习基础,而绝不是"一张白纸"。《格致汇编》有云:

> 初开馆时,招致生徒颇觉不易,必品端质慧才敏心灵者,方能入选,年在未冠,经书已熟,体健无病,业通英文,始可就学,如此挑剔,故来者虽数百人,而获选者仅百人耳。内有前在福州船政局已就业者,或在申各英文馆经习学者教习,至今在馆生徒仅八十名,分为驾驶与管轮两门教习,门各四十人,平分头班二班,次第习学。在学者之意,似重驾驶之业,而轻管轮之艺。故收录时以阄为分派,拈取何门,即归何门习业。惟在西人看此二职,不分重轻,致用

---

① 《加惠英才》,《申报》1890年10月18日,3版。
② 《招考水师学生》,《申报》1890年10月16日,6版。江南水师学堂连续在1890年10月11、16日、17日、18日、19日、20日、21日在《申报》上发布招考布告。随后在10月30日、31日和11月1日的《申报》上发布录取学生名录。

一也。现观学者面有慧色，体显健形，似乎诵读操练食息四事俱臻合法，故身健心安，而讲业考学，皆有进益也。验学者之年貌，略皆在十六七至二十四五岁之谱。①

在鲁迅入学的时候，他看到那里的头两班学生"上讲堂时挟着一堆厚而且大的洋书，气昂昂地走着"②。这虽意存讽刺，但也能从侧面看出该学堂学生的英文程度。

江南水师学堂既有其"后天优势"，又有其"先天劣势"。其"后天优势"是"不收费，有津贴"；"先天劣势"是难以与有着强大诱惑力的科举制度相抗衡。

对一般子弟来说，该学堂的吸引力恐怕在于其优厚的待遇，学堂不仅不收学费，而且吃饭、笔纸等生活费用、日常开销都免费，还按英文程度的不同每月领有数量不等的赡银。就周氏兄弟而言，如果说其本家叔祖为其提供了一个赴学堂读书的信息和便利，"免费"恐怕是周氏兄弟进江南水师学堂的重要原因。鲁迅就说："我渐至于连极少的学费也无法可想；我底母亲便给我筹办了一点旅费，教我去寻无需学费的学校去。"③周作人也说："他（鲁迅）之所以进去也并不是因为志愿当海陆军人，

---

① 《南洋水师学堂考试纪略》，《格致汇编》（1892年）第7卷第4期，见高时良编：《中国近代教育史资料汇编·洋务运动时期教育》，上海教育出版社1992年版，第479—480页。

② 鲁迅：《朝花夕拾·琐记》，《鲁迅全集》第2卷，人民文学出版社2005年版，第304页。

③ 鲁迅：《集外集·俄文译本〈阿Q正传〉序及著者自叙传略》，《鲁迅全集》第7卷，人民文学出版社2005年版，第85页。

实在只为的可以免费读书罢了。"① 舍此而外,你要找一个"不收膳费,而且每月还给津贴",还能学习的学堂试试看。

与"免费"的优势相比,其"先天劣势"更为明显。在当时以科举为人生正途的社会中,去新式学堂,而且是去一个"当兵"的学堂就学,却被时人认为是一条歪路、斜路、"走投无路的人"所走的路。在"四民"中,"士"的地位最为尊崇,读书应试,中式做官,是其时中国子弟的"正途"。其次是"做幕友或商人"。"这是我乡衰落了的读书人家子弟所常走的两条路。"② 如周作人所说的:

> 前清时代士人所走的道路,除了科举是正路之外,还有几路权略可以走得。其一是做塾师,其二是做医师,可以号称儒医,比普通的医生要阔气些。其三是学幕,即做幕友,给地方官"佐治",称作"师爷",是绍兴人的一种专业。其四则是学生意,但也就是钱业和典当两种职业,此外便不是穿长衫的人所当做的了。另外是进学堂,实在此乃是歪路,只有必不得已,才往这条路走,可是"跛者不忘履",内心还是不免有连恋的。在庚子年的除夕我们作"祭书神长恩文",结末还是说,"他年芹茂而樨香兮",可以想见这魔力之着实不小了。③

---

① 周作人:《鲁迅的青年时代》,止庵校订,北京十月文艺出版社 2013 年版,第 108 页。
② 鲁迅:《集外集·俄文译本〈阿 Q 正传〉序及著者自叙传略》,《鲁迅全集》第 7 卷,人民文学出版社 2005 年版,第 85 页。
③ 周作人:《知堂回想录》上,止庵编,北京十月文艺出版社 2013 年版,第 69 页。

鲁迅日后写到当年他负箧远行的情形。"然而伊哭了,这正是情理中的事,因为那时读书应试是正路,所谓学洋务,社会上便以为是一种走投无路的人,只得将灵魂卖给鬼子,要加倍的奚落而且排斥的,而况伊又看不见自己的儿子了。"[1]他的母亲之所以哭,一面有对其子初次离乡远行的不舍,一面是对其子"道路选择"的忧虑和前途未卜的不安,鲁迅在文章中说得很明白。

所以,即使他们进得学堂,但仍心系科举。周作人就说到当时有的学生就请假参加科考的现象。而对天津水师学堂来说,为防"身在曹营心在汉",妨碍功课,章程就明确规定,学童五年求学生涯中,"不准应童子试"。然而,却也不是"一棍子打死","五年期满,果有兼人之资,中西学问并进者,准入应试"[2]。可见,在科举面前,新式学堂丝毫没有"硬起来"的资格和底气。

当初江南水师学堂章程发布后,《申报》有论:"若在内地,虽如京师为英才群萃之区,不乏卓识达观之士,而亲朋聚会谈及洋务犹不免诧为奇闻,甚者或讪笑之、或斥辱之,即不敢讪笑、不敢斥辱,亦且面从而腹诽之,此虽由于人心之固执,然民情相安已久,一朝而欲舍其旧而新,是谋其势,固不可以亟亟期也。"[3]可见当时人心之守旧和固执。

而中国军事不振、军力不强的问题正出在"好男不当兵,

---

[1] 鲁迅:《呐喊·自序》,《鲁迅全集》第1卷,人民文学出版社2005年版,第437—438页。
[2] 《天津新设水师学堂章程》,《万国公报》第631卷,见高时良编:《中国近代教育史资料汇编·洋务运动时期教育》,上海教育出版社1992年版,第437页。
[3] 《书江南水师学堂章程后》,《申报》1890年8月14日,1版。

好铁不打钉"上。与中国相比,"西洋各国武官无不由学堂出身,由世家子弟挑选,国人皆敬重之"。李鸿章就提到没人愿入军校学习、学员素质太差的问题,并建议以"加钱"("扩大优势")和"赏官"("拉近差距")来吸引和刺激青年积极报考。

> 光绪六年七月,奏设天津水师学堂,培植北地人才,以供器使在案。兹距开馆一年有奇,学生造诣渐有端倪,惟额数未满,投考者或资质平庸,或年纪过大,终少出色之材。细揣情由,似由膏银稍薄,未足招徕。今本大臣将该堂原定章程学生月给膏银一两改为月给四两,俾一经入选,八口有资。庶畯之家,咸知感奋。从前闽省水师学生半皆世家子弟,学成之后,皆任各轮船将领,荐保二三品官阶,并有加勇号者。此间学生若果卓有成就,本大臣定当从优奏奖,破格录用。[1]

尤其是"做官",科举无非为了做官,他建议将学堂学习与科举正途一视同仁,则"官生无不奋勉,而绅民亦易信从"。"世家有志上进者皆不肯就学。诚使定以登进之阶,令学成者与正途并重,严以考核之法,俾贪惰者立予罢斥。"[2] 江南水师学堂章程发布后,也有人以"功名富贵"来鼓舞学生报考。"有志上

---

[1] (清)张焘:《记北洋水师学堂及招考章程》,见高时良编:《中国近代教育史资料汇编·洋务运动时期教育》,上海教育出版社1992年版,第444页。
[2] (清)李鸿章:《复议水师事宜折》(光绪十一年七月初二日),见高时良编:《中国近代教育史资料汇编·洋务运动时期教育》,上海教育出版社1992年版,第417页。

达者，要可于此得一捷径，以博富若贵与一切功名，想此学堂一建，中外人民谁不企慕者哉。"①

可见，当时办学堂之难，不在筹建，而在招生，而招生之难，在于千百年来的科举做官的固有思想观念的破除。

英文习练，作息紧凑

学堂里的功课分为"堂课"和"船课"（实习），其修业年限长达七年左右，可见成才之难。"驾驶科堂课五年，船课二年，管轮科堂课六年，厂课半年，船课半年。第一班学生堂课修业期满，经考试及格后，驾驶科学生登舰习船课，管轮班学生先入厂习厂课，后习船课。各科船课毕业后，分派各军舰见习，遇缺则按毕业名次以千总、把总实职补用。"②

江南水师学堂主要专业学习都是英文讲授，而中文课有点像大学的"公共课"。鲁迅谈到江南水师学堂的学习时说：

---

① 李文虞：《论水师学堂》，《万国公报》1890年12月。
② 陈景芗：《旧中国海军的教育与训练》，见高时良编：《中国近代教育史资料汇编·洋务运动时期教育》，上海教育出版社1992年版，第484页。光绪三十三年二月六日（1907年3月19日），南洋大臣、两江总督端方的奏折中的说法与之略有差异。"而水师则分堂课、船课两限，由英文普通渐进至驾驶、管轮专门。堂课需四、五年，船课又需三、四年，前后八、九年之多，方能毕业。且内堂功课，定章分作驾驶、管轮两门，每班又分为头、二、三班，每班二十人，派一教员专课，如入堂者，为第三班，授以英义普通，递升至头班，方授以专门功课。俟专门功课成就，始得谓之毕业，故每次毕业只有两头班四十人。如平时遇有因故剔退者，以下程度未至，即难推升。故每届毕业时常不及四十人之数。"《南洋大臣两江总督端方奏南洋水陆学堂情形折》（光绪三十三年二月六日），见张侠等编：《清末海军史料》上，海洋出版社1982年版，第417页。

功课也简单，一星期中，几乎四整天是英文："It is a cat." "Is it a rat?" 一整天是读汉文："君子曰，颍考叔可谓纯孝也已矣，爱其母，施及庄公。"一整天是做汉文：《知己知彼百战百胜论》，《颍考叔论》，《云从龙风从虎论》，《咬得菜根则百事可做论》。[1]

可见，虽然学堂几乎是全英文授课，但对鲁迅这样几乎没有英语基础的学生来说，基本上还要从零学起。鲁迅所云一周四天英文、一天汉文、一天作文，最后一天当是放假。而1901年入学的周作人和其兄的说法不同，周作人说是每周五天英文、一天汉文、一天放假。

我这里说"洋汉功课"，用的系是原来的术语，因为那里的学科总分为洋文汉文两大类，一星期中五天上洋文课，一天上汉文课。洋文中间包括英语，数学，物理，化学等中学课程，以至驾驶管轮各该专门知识，因为都用的是英文，所以总名如此。各班由一个教习专任，从早上八时到午后四时，接连五天，汉文则另行分班，也由各教习专教一班，不过每周只有一天，就要省力得多了。就那时计算，校内教习计洋文六人，汉文四人，兵操体操各一人，学生总数说不清，大概是在一百至一百二十人之间吧。[2]

---

[1] 鲁迅：《朝花夕拾·琐记》，《鲁迅全集》第2卷，人民文学出版社2005年版，第303页。

[2] 周作人：《知堂回想录》上，止庵校订，北京十月文艺出版社2013年版，第118页。

其中的"洋文功课","头几年反正教的都是普通的外国语和自然科学,头班以后才弄航海或机械等专门一点的东西"(即端方所云"递升至头班,方授以专门功课")。而每周一天的"汉文功课",对他们来说就简单多了,"汉文简直没有什么功课,虽说上课实际等于休息,而且午后溜了出来,回到宿舍泡一壶茶喝,闲坐一会儿也无妨碍"[1]。学堂课程不少,五年学堂生活,用周作人的话来说,"真是师父似的传授给一种本事的却并没有"[2]。但是,五年学堂生活真没有好处也不见得,"但是也有些好处,第一是学了一种外国语,第二是把国文弄通了"[3]。就他本人来说,他在学堂里就曾将《阿里巴巴和四十个强盗》翻译成《侠女奴》登载并出版。在学堂可以读到当时书报,如《新民丛报》《新小说》等,严复、林琴南的译书等。"这些东西如不在学堂也难得看到。"[4]星期日放假,本地学生周六出操完即回家,手头宽裕的学生到外面玩,没钱的学生只得在学校闲坐。

从周作人的回忆中,我们可以得知学生每日的作息安排。每天"早晨六点钟听吹号起床,过一会儿吹号吃早饭,午饭与晚饭都是如此"。早饭后至八点上课前,是打靶时间,后来大概是子弹费钱的缘故,改为隔日打一次。八点正式上课,早上

---

[1] 周作人:《知堂回想录》上,止庵校订,北京十月文艺出版社2013年版,第126—127页。
[2] 周作人:《知堂回想录》上,止庵校订,北京十月文艺出版社2013年版,第135页。
[3] 周作人:《知堂回想录》上,止庵校订,北京十月文艺出版社2013年版,第214页。
[4] 周作人:《知堂回想录》上,止庵校订,北京十月文艺出版社2013年版,第139页。

的课是八点到十二点，十点时休息十分钟。早晨课结束后，"午饭吹号召集体操"，"新生只舞弄哑铃，随后改玩那像酒瓶似的木制棍棒，有点本事的人则玩木马、云梯及杠杆等，翻跟斗，竖蜻蜓的把戏"，"每星期中爬桅一次，这算是最省事，按着名次两个人一班，爬上爬下，只要五分钟了事，大考时要爬到顶上，有些好手还要虾蟆似的平伏在桅尖上，平常却只到一半，便从左边转至右边，走了下来了"。下午上课时间是一点半到四点，晚饭前做兵操，虽不是天天有，但一星期总有四次以上，晚饭后时间自由支配。有的做功课，有的看闲书，有的聊天，九点三刻，点名查房，十点钟吹就眠号。虽按规定十时就寝，但是"要用功或谈天到十二点一点都无所不可"。这便是学堂学生一日的学习和生活，从这些作息安排上看，这种安排还是相当紧凑的，但实际上效果如何，连学生都觉得"功课麻胡，进步迟缓"。①

办理得法，力读勤学

江南水师学堂自1890年开办，1911年辛亥革命爆发暂停办理，在清季共办有22年左右时间。起初学堂还能认真办理，学生亦能勤学苦练，但不幸的是1894年的甲午战争，海军完败，学堂勉力维持，然此时的学堂已今非昔比、每况愈下了。

江南水师学堂于1890年发布的学堂章程中拟定招收120名

---

① 参见周作人：《知堂回想录》上，止庵校订，北京十月文艺出版社2013年版，第123—135页。

学生。可是，开船打炮，不能"纸上谈兵"，还得上船实践。与北洋"大哥"相比，南洋只是"小弟"。南洋学生将来只能选派到北洋实习。然而北洋只有"威靖"一船，"仅能应北洋诸生练习，南洋学生无从安顿"①，现在南洋水师学堂的学生，面临着将来无处实习，乃至学成毕业后，无处安插的问题。于是，光绪十七年六月六日（1891年7月11日），曾国荃的继任者刘坤一提出裁减学生和教习，缩小办学规模的计划。

> 至于新设水师学堂，每年约费四五万金，原为造就人材，以备南、北洋各兵轮挑补。照海军衙门定章，南洋学生堂课毕业，须咨送北洋加习船课，分别差委。现准北洋咨称，本省水师学堂学生已足敷用，毋须南洋咨送前来，则是此项学生将来无地安插。彼挟有为之具，安肯日久赋闲，势必投效外洋，转为中国之患。臣与该学堂会办江苏候补道杨兆鋆通盘筹画，拟裁学生四十名，华洋教习各二员，其余各项夫役，依次酌裁，并将无人学习之鱼雷厂及教习一员裁撤。该学堂名数虽减，规模具存，一俟南洋兵轮购制齐全，再将水师学堂规复旧章，亦复易易。②

无人才的时候，为培养人才着急，待到花了"九牛二虎之

---

① 《张之洞奏添设水师学生原额片》（光绪二十二年二月一日），见张侠等编：《清末海军史料》上，海洋出版社1982年版，第411页。
② （清）刘坤一：《筹办南洋防务考核兵轮及变通学堂折》（光绪十七年六月初六日），见中国科学院历史研究所第三所主编：《刘坤一遗集》第2册，中华书局1959年版，第688页。

力"开始培养人才时,却发现"英雄无用武之地"。建此学堂费银数万,此一裁减,每月仅可省银五百七十余两。于是,江南水师学堂管轮、驾驶两门,各招四十名,每门分头班二班,总共八十名,比章程定额的一百二十名缩减了四十名。

江南水师学堂初开,桂观察艿亭(桂嵩庆)为总办,沈司马仲礼(沈敦和)为提调,协力办理,极称妥善。

学堂年终举行考试,以分别优劣,加以赏罚,并淘汰不合格者。以下是报载1893年的年终考试情形:

> 金陵水师学堂年终,例由总办考试优劣以定明年去取。日前,桂艿亭观察聘请镜清兵船何心川管带为主试,及禀明督宪,一面会同提调沈仲礼司马及中西各教习于初一日清晨齐集一堂,令上中下三班各学生,鹄立阶下,按册点名,辨别年貌,以杜顶冒之弊。初一日先试英文、次算学、次打靶、次升桅、次击刺,及泅水、驾驶各法。初五日考试华文,凡五日而竣事。有技艺超群者,受上赏;瑕瑜互见者,受下赏;平等者,准其在堂学习;不堪造就者,黜之弃取。悉秉至公,惩劝各孚众志,诸学生亦有月异日新之势,而无嫉贤害能之心。储之者平时,用之者一旦。诚哉其为御侮之资、干城之选也,岂不盛欤?![1]

《格致汇编》详细记录了1892年江南水师学堂大考的情形。刘坤一特委三品衔办理江南制造总局翻译馆译书事务,英国进

---

[1] 《武备储材》,《申报》1893年1月31日,2版。

士傅兰雅者到堂主考学生的西学。

学堂章程，每届若干时考试西学一次，彭、希二君面试，以各所进益评定甲乙。勤者奖赏，惰者责罚，以为鼓励之规。每年夏一大考，制宪亲临阅考，外派通西学者一二人到堂考试。本年八月二十七日为大考之期，桂观察禀请刘岘帅特委三品衔办理江南制造总局翻译馆译书事务，英国进士傅兰雅者到堂主考，头班生徒连考五日，预拟洋文试题凡一百余道，于申先印成，考时按各门之学，人各一纸，各题特作颇深，每考限三点钟交卷。各门学内有行船法、天文学、汽机学、画图学、数学、代数学、几何学、平弧三角法、地志学、英国文法与翻译与诵读与默书与解字，并写英字作英文。

各卷阅毕衡其高低，依西法以分数为评，分数多为前茅。计驾驶与管轮两班，各卷皆毫无差误者，应得三千二百分为全分。核驾驶班二十人，所得中数二千一百九十六分；管轮班二十人，所得中数一千八百六十六分；两班均核所得中数二千零三十一分。计得二千五百分至二千八百六十一分之间者，有五人。得二千分至二千五百分之间者有十四人，得一千五百分至二千分之间者，有十六人，得一千一百八十分至一千五百分之间者，有四人。照英国考试常例，凡得全分之半者，已堪中式，得列上取。得全分三分之一者，亦可中为次取。是水师学堂创仅二年，全借英文习练，已得臻此进境，实觉奇异，大堪嘉美。英国学徒肄业考试，不能过此各分，何中国之多才耶！所考算学诸事，较他学更觉娴熟。二班生徒亦四十人，经彭、希二教习自考，谅亦可观。足见桂观察之悉心整理也。①

学生的成绩不让同种程度的英国学生。一年后的《申报》还称："去秋刘制军礼延英国名进士傅兰雅赴堂逐加面试，半月始竣，谓前列诸生其学业堪与英国水师学生相颉颃，制军深为嘉许，当将周邦正、黄仲则、姚念先、奚清如、陆有麟、吴佩璋等各给八九品顶戴，以示优异，现在头班诸生竿头日进，不久可望毕业送上练船。"②

随后刘坤一本人前往视察学堂，并检试学生"技艺"，学生各显其能，刘本人很是满意。

> 九月初六日，观察禀请刘制军到堂考试水师技艺。是日制军排道而至，随带戈什哈仆从数十人，观察率同各官迎入宪舆，各呈手版，行庭参礼，然后升花厅小憩，请傅君与彭、希二教习晤谈，问及考西学等事，后阅考中国文艺，复细看馆院数处，而后按册点名，分班献技，或打靶或扒桅或跑阵或练勇各显技能，莫不便捷，制军顾而乐之，谓："足备他日干城之选。"操毕复阅各工艺处，如木工、铁工、铜工各厂，亲验学徒工作之法。再阅水雷房，内有新法水雷，学徒亦习用娴熟。每阅一处，必问其所以，观

---

① 《南洋水师学堂考试纪略》，见〔英〕傅兰雅主编：《格致汇编》1892年第3卷，凤凰出版社2016年版，第3104—3105页。亦可见高时良编：《中国近代教育史资料汇编·洋务运动时期教育》，上海教育出版社1992年版，第480—481页。

② 《珊网宏开》，《申报》1893年8月28日，3版。

之有兴，大加称许，乃分给花红奖赏有差。考是学堂起首兴办，已臻善美，犹之建造工程，先筑坚基，根本既固，而后不难继长增高，支成大厦，故不久必有奇能者出，足备水师兵船之用。[1]

学堂学生综中西、合文武，成绩优异，意气风发。舆论交口称赞曰："是役也，诚无一国可以无者，办理合法，虽平日耗费帑资，将来国家得益，足与相抵，正未可以等闲视之。又凡人有聪颖子弟，每欲其力学上进，课之经史，教之洋文，如再使入此学堂，造就干才，亦绝好机会也。尝见该堂生徒皆力读勤学，食调衣美，月领膏火，足资用度，习练从容，洵乐境也。且规矩整齐，地方清洁，果尽心力学不能不获进益，学成业精，易受差选，较之博一衿掇一芹，不犹愈乎。是此举不惟有利于国，犹且有益于民也。高明者以为然否？"[2] 一切显得朝气蓬勃，尽善尽美。

每况愈下，乌烟瘴气

然而，好景不长，到了1894年，耗费巨资、苦心经营多年的中国海军在甲午海战中全军覆没。花巨款而培养海军人才

---

[1] 《南洋水师学堂考试纪略》，见〔英〕傅兰雅主编：《格致汇编》1892年第3卷，凤凰出版社2016年版，第3105页。亦可见高时良编：《中国近代教育史资料汇编·洋务运动时期教育》，上海教育出版社1992年版，第481页。

[2] 《南洋水师学堂考试纪略》，见〔英〕傅兰雅主编：《格致汇编》1892年第3卷，凤凰出版社2016年版，第3105页。亦可见高时良编：《中国近代教育史资料汇编·洋务运动时期教育》，上海教育出版社1992年版，第481页。

的江南水师学堂的学生还没来得及效命国家，便失其"用武之地"。师丧国辱，一味苟安的清廷不得不向日本割土赔款。海军已无，海军衙门亦无事可干，只得关门了事。

光绪二十一年二月十六日（1895年3月12日），中日媾和之际，总理海军事务衙门上奏停撤该衙门及内外学堂。

> 总理海军事务衙门奏：岛舰失陷，时局艰危，遵议更定海军章程，非广购战舰巨炮不足以备战守；非合南北洋通筹不足以资控驭，非特派总管海军大臣不足以专责成。目前各事未齐，衙门暂无待办要件，拟请将当差人员及应用款项，暂行停撤，以节经费。其每年应解海军正款，亦请统解户部收存，专为购办船械之用。又奏：海军内外学堂，亦请暂行裁撤。均依议行。[①]

经此巨创后，光绪二十一年闰五月二十七日（1895年7月19日），光绪发出上谕要求各地将军、督抚等条陈办法。光绪二十一年八月七日（1895年9月25日），刘坤一奏称，军舰虽一时半会儿无力添置，但水师学堂培养的人才应当继续加以锻炼，"留得青山在，不怕没柴烧"。

> 惟我海军既覆，不惟一时钜款难筹，将才尤属难得。威海之陷，实由丁汝昌等之失机。今南、北洋无人堪为水

---

① 《海军衙门奏请停撤该衙门及内外学堂》（光绪二十一年二月十六日），见张侠等编：《清末海军史料》上，海洋出版社1982年版，第85页。

师提镇，即使借款购制铁甲等船，徒以资敌。臣愚以为目前不必遽复海军名目，不必遽办铁甲兵轮，暂就各海口修理炮台，添造木壳兵轮，或购制碰快艇、鱼雷艇，以资防守。即于水师学堂子弟之有成者，派入兵轮，出洋游历，进入西洋大书院中，学成而归，以备考授。或于现在中国兵轮之管驾官，察看堪为海军提督、分统确有把握者存记。总期先有人而后有船，俟款项充盈，不难从容购办。①

"跛者不忘履"。海军虽被"清零"，但人才仍得培育。光绪二十二年二月一日（1896年3月14日），张之洞奏请恢复江南水师学堂一开始就被裁减的四十个名额。"查该堂开办以来，驾驶、管轮两堂之头班学生，均已次第毕业，实有成效。惟现值重整海军议购兵舰之际，学生为海军造就人才，正宜及时广为教练，所有原裁之学生四十名，并教习、夫役，自应仍照原额招募添设，其薪费仍照前额原数开支，以资练习。"②

光绪二十四年六月二十三日（1898年8月10日），再一次痛定思痛，并锐意变法的光绪决心重建水师学堂，发布上谕：

>　　中国创建水师，历有年所。惟是制胜之道，首在得人。欲求堪任将领之才，必以学堂为根本。应如何增设学

---

①（清）刘坤一：《奏遵议廷臣条陈时务折》（光绪二十一年八月七日），见中国科学院历史研究所第三所主编：《刘坤一遗集》第2册，中华书局1959年版，第892页。

②《张之洞奏添设水师学生原额片》（光绪二十二年二月一日），见张侠等编：《清末海军史料》上，海洋出版社1982年版，第410—411页。

额,添制练船,讲求驾驶,谙习风涛,以备异日增购战船,可期统带得力。着南、北洋大臣,沿江沿海各将军、督抚,一体实力筹办,妥议具奏。①

而鲁迅正是戊戌变法这一年(1898)的5月7日,抵达南京,投考江南水师学堂。

1899年,刘坤一奏请江南水师学堂增加员额。

项据详称,"江南水师学堂创立之始,原系驾驶、管轮两门,各分三班,招考生徒,分别课授,自英国语文而外,凡勾股、算术、几何、代数、平弧三角、重学、微积,以及中西海道、星辰部位、驾驶御风、测量绘图诸法,帆缆、枪炮、轮机大要,皆当次第研求。堂课毕业,派登练船,俾周览山海形势,沙礁风涛,更番巡历,以练胆识。只以各生学成登进,不广学额,裁复无恒;上年冬间,又因经费奇绌,将三班学生四十名裁撤,咨部有案。现值国家整军经武,广储将才,以学堂为水师之根本,遵将原裁三班学生四十名暨教习员司人等,招募添设,一切薪费,仍照前额原数开支,于十月初一日,考取入堂,照常肄业。至巡练之船,现有'寰泰'一艘,迭经督带驾驶、管轮头班学生,周历海岛,谙习风涛,再派赴各兵轮,循章补用,即接带二班学生,先后登船,约计两年,船课均可毕业。

---

① 《着南北洋大臣及沿海将军督抚筹办水师学堂谕》(光绪二十四年六月二十三日),见张侠等编:《清末海军史料》上,海洋出版社1982年版,第411页。

似此循环督练，暂可不另添船"等情前来。当饬查照向章，斟酌定额，督率教习人等，认真训迪，就其造诣之深浅，以为升降之等差。尤当中西并肄，时以经史大义，轮机新法，与之朝夕讲求，俾咸知明耻教战之义，因时制变之方，异日驰驱海上，庶足备国家干城之选。[①]

从江南水师学堂最初发布的章程和最初的招生、教学来看，这么一个招揽青年俊秀子弟的军事精英学校，倘真按学堂规章所云，以创建之初的势头发展下去，中国军事焉能不强？可是，到了1898年周樟寿（周树人）、1901年周櫆寿（周作人）入学的江南水师学堂却似乎已不是创设之初的学堂了。

原学堂章程上所列条件有"开明籍贯年貌三代，来堂投考，察其年貌相符，中英文字通顺"。对于英文，在一个每周四或五天全英文授课的学校中，周氏兄弟进此学堂之前却没有任何英文基础，谈何"通顺"？而在1890年学堂初次招生时的招考告示就云，"如仅粗识洋文，不必投考"。

1901年9月，周作人报考江南水师学堂的时候，学堂已经对英语不做要求了，只要求"华文通顺"，学堂的入学要求大为降低，我们且看该年报上的招考布告。

> 士民如有身家清白，年在十五岁以外二十岁以内，资质颖悟，华文通顺者，准令报名，听候考试，俟录取取具

[①] （清）刘坤一：《奏增设水师学堂学额折》（光绪二十四年十二月十九日），见中国科学院历史研究所第三所主编：《刘坤一遗集》第2册，中华书局1959年版，第1089—1090页。该奏折亦可见于《申报》1899年4月17日，13版。

保人甘结，克日入堂教以中西文字语言，惟诸生先需自备膳资，俟学至三月以后，考取优等，始由学堂授，我国家讲求武备，培植人才，庶于此望之矣。①

至于招生考试更是没有什么难度，其原因是无人要上之故。周氏兄弟之所以先后就学江南水师学堂，主要归因于其叔祖周庆蕃（椒生）在该学堂任管轮监督，周家子弟因他的关系进江南水师学堂的共有四人，②如果不是本家叔祖周庆蕃在此任教，周氏子弟未必就进此学校。但据周作人云，鲁迅之所以进此学堂，也并非周庆蕃的情面。"那时候考学堂本不难，只要有人肯去无不欢迎，所以鲁迅的考入水师，本来并不靠什么情面，不过假如椒生不在那里，也未必老远的跑到南京去。"③而周作人当年入学考试作文，"不知道那里是怎么样的胡说八道的"④，就考取了。可见，这已是一个没什么人要进的学堂了，要进该学堂没什么难度。

这所昔日的"精英学校"已经今非昔比。倘按当初的章程衡量，周氏兄弟完全不符合招考条件，而这距离当初设立学校才过去仅仅八年。在当时江南水师学堂章程发布后，有评论称：

---

① 《水师招考》，《申报》1901年9月26日，2版。
② 这四人分别为周鸣山（改名凤岐），后其分数不够，被开除了；周伯升（改名文治），最终毕业后得到"把总"的顶戴，仕至联鲸军舰正管轮；周树人和周作人两兄弟。
③ 周作人：《鲁迅的故家》，止庵校订，北京十月文艺出版社2013年版，第116页。
④ 周作人：《知堂回想录》上，止庵校订，北京十月文艺出版社2013年版，第116页。

"虽然，法虽美善，而或始勤终惰，则学亦未能底于大成，是在年少诸生及时勉厉，毋负曾爵帅之深心可耳。"①不幸被言中，从"欣欣向荣"到"乌烟瘴气"才用了八年时间。

光绪二十一年五月十一日（1895年6月3日），陶模奏称："臣又查武备、水师学堂章程，本尚周密。近闻有将少年不能读书者，滥行送入，何能确收实效？应由该管大臣严行遴选。无论旗、汉文武官员及士民子弟，须明白谨慎，文理清通，方准留学。"②最初要进学堂可谓是精拣细选、百里挑一，到后来变成了凭关系走后门，甚至那些不是学习的料的人都被"滥行送入"。

北洋水师学堂和江南水师学堂有些相似，北洋水师学堂汉文教习何熙年就说到北洋水师学堂后来沦为"济贫之院"的情形。

> 今北洋学生，除各营咨送外，大抵仕宦落势之家，读书无成之辈，近来收录尤杂，舆台厮养，溷迹其中者，颇不乏人。而总办堂务者，又均粗知洋语，毫无远略，彼固以既崇西学，安用汉文，此中奥折，非所能识也。于是读书功课，则删减之；能文学生，则斥革之。遂至肄武之堂，浸成济贫之院。靡衣偷食，此外何求，请安叩头，应声即是，节义之不讲，廉耻之不知，而欲其忠勇奋发，凌厉无

---

① 李文虞：《论水师学堂》，《万国公报》1890年12月。
② 《新疆巡抚陶模奏培养水陆军人才勉图补救片》（光绪二十一年五月十一日），见张侠等编：《清末海军史料》上，海洋出版社1982年版，第410页。

前，有断胆决腹，一瞑不视之志，岂可得乎！①

周氏兄弟不正是何熙年所说的"仕宦落势之家"的子弟吗？就拿鲁迅来说，"他之所以进去也并不是因为志愿当海陆军人，实在只为的可以免费读书罢了"②。反过来说，如果一个不想做军士的人入水师学堂学习，那还有必要办水师学堂吗？当然，一个思想家、文学家的鲁迅与一个海军军官、矿师的周树人相比，对中国的价值和影响是不可同日而语的。

这时的江南水师学堂用鲁迅的一个词来概括，就是"乌烟瘴气"。"总觉得不大合适，可是无法形容出这不合适来。现在是发现了大致相近的字眼了，'乌烟瘴气'，庶几乎其可也。"③这是仅在江南水师学堂待了不到半年时间的鲁迅对这所学堂的评价。

至于鲁迅所说"乌烟瘴气"具体指的是什么，也就是说鲁迅退学的原因是什么？恐怕有两个因素：一是人所共知的、鲁迅明确指出的"学堂的思想守旧"；二是鲜为人提的"学生的玩愒时日"。以下分别分析。

其一，学堂的思想守旧。

1898年，正是年轻的光绪皇帝看重康有为，进行锐意革新

---

① （清）何熙年：《上张香帅言武备学堂事宜书》（光绪二十二年），见高时良编：《中国近代教育史资料汇编·洋务运动时期教育》，上海教育出版社1992年版，第430页。

② 周作人：《鲁迅的青年时代》，止庵校订，北京十月文艺出版社2013年版，第108页。

③ 鲁迅：《朝花夕拾·琐记》，《鲁迅全集》第2卷，人民文学出版社2005年版，第305页。

的一年，同时，也是新旧两派势力对立、冲突和较量之年。这种新旧对立，无论在朝廷里还是在社会上，概莫如是。对于这次自上而下推动的变革，留心时事的青年不能不深受影响和倍感鼓舞，鲁迅对社会上翻译介绍的西学发生兴趣自不例外，而思想守旧的叔祖周庆蕃觉察到鲁迅思想出了"问题"。

> "你这孩子有点不对了，拿这篇文章去看去，抄下来去看去。"一位本家的老辈严肃地对我说，而且递过一张报纸来。接来看时，"臣许应骙跪奏……"那文章现在是一句也不记得了，总之是参康有为变法的，也不记得可曾抄了没有。①

周庆蕃要鲁迅阅读和"可能"抄写的这个文章正是《申报》上登载的 1898 年 6 月 22 日（光绪二十四年五月四日）许应骙驳斥康有为的奏折。时御史宋伯鲁、杨深秀参礼部尚书守旧迂谬，阻挠新政，光绪命许应骙就所参各节明白回奏，于是有了许应骙的这个奏折。这其中涉及康有为的仅为许应骙"遇有通达时务之士，则疾之如雠一节"。许在奏折中指斥了"当时红人"康有为的"恶品"和"恶行"，并请光绪将其罢斥，驱逐回籍，而这大概是周庆蕃所中意和快意的、并让周树人读的原因。有意思的是，当十七岁周树人在读《申报》上发表的许应骙驳斥康有为的奏折的时候，多年后，他与这个人的家庭居然建立

---

① 鲁迅：《朝花夕拾·琐记》，《鲁迅全集》第 2 卷，人民文学出版社 2005 年版，第 306 页。

了亲密之关系。他的伴侣许广平的祖父是后来的浙江布政使许应镳，而许应镳正是许应骙的兄弟。

《申报》上登载的许应骙的奏折如下：

许大宗伯明白回奏并请斥逐工部主事康有为折

许应骙奏为遵旨明白回奏事。

本月初二日，内阁奉上谕，御史宋伯鲁、杨深秀奏礼臣守旧迂谬，阻挠新政一折，着许应骙按照所参各节明白回奏，钦此。并军机处抄录原奏交出到臣，俯思戆直之招尤，仰荷圣明之洞察，许自陈达，良深感悚，谨将被参各节为皇上缕晰言之。

如原奏谓臣腹诽朝旨，在礼部昌言经济科无益，务欲裁减其额，使得之极难，就之者寡一节。查严修请设经济科原折，系下总署核议，臣与李鸿章等以其因延揽人材转移风气起见，当经议准覆陈，若臣意见参差可不随同画诺，何至朝旨既下，忽生腹诽？夫诽存于腹，该御史奚从知之？任意捏诬，已可概见。至岁举中额应由臣部妥议会同具奏，恭候钦定，臣维事关创始，当求详慎，自古名臣，着论斤斤以珍惜名器为要图，况乡举一阶，胶庠所重，觉过为宽取，恐滥竽充数，鄙夫之所喜，即志士之所羞，人才何由鼓励？是以与同部诸臣熟商定额，期协于中，既不敢存刻核之见以从苛，更不敢博宽大之名以邀誉，且现未定，□该御史竟谓臣务欲裁减，不知何据而言？向来交议事件，未经覆奏以前，言官不得挽越条奏，今该御史隐挟成见，逞臆遽陈，殊非体例。

原奏又称诏书关乎开新，下礼部议者，臣率多方阻挠一节。迩来迭奉明谕，如汰冗兵改武科诸政事，均不隶臣部，岂能越俎代谋？此外惟杨深秀厘正文□一折，系奉旨交议，按之西学时务，无甚关涉，且未拟藁，何得云多方阻挠耶？

原奏又称臣接见门生后辈辄痛诋西学，遇有通达时务之士，则疾之如雠一节。窃臣世居粤峤，洋务夙所习闻，数十年讲求西法，物色通才，如熟悉洋务之华廷春，精练枪队之方耀，善制火器之赖长均，经先后奏保。及中东事起，三员业早凋谢，未展其才，臣深惜之，方今时事多艰，需才愈亟，凡有偏长片技堪资实用者，臣断不肯失之交臂，即平日接见门生后辈，无不虚衷咨访，冀有所益，并勖以务求实际，毋尚虚华，初何尝痛诋西学？该御史谓臣雠视通达时务之士，似指工部主事康有为而言，盖康有为与臣同乡，稔知其少即无行，迨通籍旋里，屡次构讼，为众论所不容，始行晋京，意图侥幸，终日联络台谏，夤缘要津，托词西学，以耸观听。即臣寓所已干谒再三，臣鄙其为人，概予谢绝。嗣又在臣省会馆，私行立会，聚众至二百余人，臣恐其滋事，复为禁止，此臣修怨于康有为之所有来也。比者饬令入对，即以大用自负，向乡人扬言。及奉旨充总理衙门章京，不无觖望。因臣在总署有堂属之分，亟思中伤，捏造浮辞，讽言官弹劾，势所不免。前协办大学士李鸿藻尝谓今之以西学自炫者，绝无心得，不过藉端牟利，借径弋名，臣素服膺其论。今康有为逞厥横议，广通声气，袭西报之陈说，轻中朝之典章，其建言既不可行，其居心尤不可问。若非罢斥驱逐回籍，将久居总署，必刺探机密，漏言生事，长住京邸，必勾结朋党，快意排挤，摇惑人心，混淆国事，关系非浅。臣疾恶如雠，诚有如该御史所言者。

原奏又称臣深恶洋务一节。臣自承乏总署已逾一载，平日仰蒙召对，辄以商务、矿务、置船、置械等事皆属当务之急，屡陈天听，请次第施行，臣是否窒塞风气，应亦难逃圣鉴。窃自胶事定议后，总署交涉事件益难措手，倘徒争以口舌，断不能弭隐患。臣望浅材庸，自揣万难胜任，惟有仰恳天恩，开去总署差使，俾息谗谤而免陨越，实为厚幸。所有微臣明白回奏缘由，缮折具陈，伏乞皇上圣鉴。谨奏。①

与光绪、康有为、鲁迅相比，周庆蕃与许应骙均属维持现状、思想保守的一类人。除此一层而外，从周庆蕃一面考虑，因周树人系他引介而来，他自然不得不担责。周作人就说："对于学生，特别是我们因为是他招来的本家，他最怕去搞革命，用心来防止，最初是劝说，措词妙得很，说'从龙'成功了固然好，但失败的多，便很是危险。"② 这也不是没有道理的。

1899 年，鲁迅的祖父周福清在杭州监狱中所写、同年鲁迅抄录的《恒训》中也教导子孙，"结会聚党，必构大狱，时复

---

① 《许大宗伯明白回奏并请斥逐工部主事康有为折》，《申报》1898 年 7 月 12 日，1、2 版。
② 周作人：《鲁迅的故家》，止庵校订，北京十月文艺出版社 2013 年版，第 117 页。

社、几社，近日康有为党，今古一律，尤宜力避"①。老人们的担忧都是相同的。后来这个前辈叔祖退休后在绍兴府学堂任监督。"他是以道学家自居的，可是到了晚年露出了马脚来，有一回因举动不谨，为老妈子所打，他的二儿媳从楼窗望见，大声说道，'打得好，打死这老昏虫！'这类的事情很多，暴露出士大夫的真相。"②

保守的空气靠的是"铁的纪律"来维护，这就是周作人说的"专制压迫"。

> 这乌烟瘴气的具体事实，并不单是中元给溺死的两个学生放焰口施食，或是国文出"咬得菜根则百事可做论"之类，还有些无理性的专制压迫。例如我的旧日记里所有的，一云驾驶堂学生陈保康因文中有老师一字，意存讽刺，挂牌革除，又云驾驶堂吴生扣发赡银，并截止其春间所加给银一两，以穿响鞋故，响鞋者上海新出红皮底圆头鞋，行走时吱吱有声，故名。这两件虽然都是方硕辅当总办时的事，距戊戌已有三年，但此种空气大概是一向已有的了。③

我们往往忽略这样的一个事实，鲁迅本人也是这"专制压

---

① 周介孚：《恒训》，赵淑英整理标点，《鲁迅研究资料》第9辑，天津人民出版社1982年版，第19页。

② 周作人：《鲁迅的故家》，止庵校订，北京十月文艺出版社2013年版，第119页。

③ 周作人：《鲁迅的青年时代》，见鲁迅博物馆等编：《鲁迅回忆录》专著中，北京出版社1997年版，第808页。

迫"的受害者。短短数月时间，他就领受到了濒临开除的处分，他说：

> 我在N的学堂做学生的时候，也曾经因这"钊"字碰过几个小钉子，但自然因为我自己不"安分"。一个新的职员到校了，势派非常之大，学者似的，很傲然。可惜他不幸遇见了一个同学叫"沈钊"的，就倒了楣，因为他叫他"沈钧"，以表白自己的不识字。于是我们一见面就讥笑他，就叫他为"沈钧"，并且由讥笑而至于相骂。两天之内，我和十多个同学就迭连记了两小过两大过，再记一小过，就要开除了。但开除在我们那个学校里并不算什么大事件，大堂上还有军令，可以将学生杀头的。做那里的校长这才威风呢，——但那时的名目却叫作"总办"的，资格又须是候补道。[①]

试想，一个几乎要被学校开除的学生，还能对此学校有何好感？

而与江南水师学堂相比，陆师学堂的确相对开明。"不知道为什么缘故，陆师学堂的总办与水师学堂的一样的是候补道，却总要强得多。"[②] 这"缘故"正在于这与学堂的"总办"相关。"第二年的总办是一个新党，他坐在马车上的时候大抵看着《时

---

① 鲁迅：《华盖集·忽然想到》，《鲁迅全集》第3卷，人民文学出版社2005年版，第65—66页。

② 周作人：《鲁迅的青年时代》，止庵校订，北京十月文艺出版社2013年版，第35页。

务报》，考汉文也自己出题目，和教员出的很不同。有一次是《华盛顿论》，汉文教员反而惴惴地来问我们道：'华盛顿是什么东西呀？……'"[1] 有比较才有鉴别。

其二，学生的玩愒时日。

我们说，江南水师学堂在初创之际，学生堪称青年俊秀，学风严谨，成绩优异。然后，到鲁迅入学的1898年，水师学堂已经今非昔比。

在鲁迅抵达南京的前两天，1898年5月5日的《申报》上，刊载了江南水师学堂学生《大闹学堂》的纪事，全文如下：

> 金陵访事友人云，水师学堂头、二、三班学生，约共一百二十名，人数既多，良莠不一，其悉心肄业者，固属不少，而荒废工课，藉端滋事者，亦复实繁有徒，甚至以口腹之微，恃众滋闹。总办体朝廷作育人材之意，不惜曲事姑容，一遇争闹，率驱逐庖人，以息其事，不肖之徒益自以为得计。
>
> 某日因新易庖丁，不谙食性，诸生又有所借口，将满台肴馔一例掀翻，复一齐拥入厨房，捣毁器皿釜鬵，厨役长跪乞怜，而诸生怒犹不已，拳足交下，致受重伤。教习恐酿事端，出而喝阻，诸生非但不服，亦复詈骂交加。教习见弹压颇难，因禀知总办柯受丹观察，观察因人众语杂，姑将厨役革退，温词劝谕诸生，始纷纷而退。噫！国家岁

---

[1] 鲁迅：《朝花夕拾·琐记》，《鲁迅全集》第2卷，人民文学出版社2005年版，第305页。

费帑金,原为培植人材起见,乃徒养此饮食之辈,无赖之人,亦安望养成大器,为国干城耶?虽然童子无知,少年好事,亦无甚足怪,吾于是盖深望于有教育之责者。①

学生的蛮横、无赖之德行可见一斑。鲁迅曾说学堂的总办很威风,开除"并不算什么大事件","大堂上还有军令,可以将学生杀头的"②。可是,我们在这个报道中,看到的是当学生恃众滋闹的时候,"总办体朝廷作育人材之意,不惜曲事姑容,一遇争闹,率驱逐庖人,以息其事"。完全看不到总办的威风所在。

除过打斗闹事,还有赌博。周作人日记就记有:

初七日,礼拜六。点名后炒面一盆,沽白酒四两,招升叔同吃,微醉遂睡。少顷监督来,有恶少数人聚赌为所获,此辈平日怙恶不悛,赌博已二阅月矣,今已败露,必不免矣。③

鲁迅在该学堂只待了寥寥数月时间,周作人在水师学堂所待时间颇长,且看他说的在学堂的打靶与出操。

吃过早饭后,在八点钟上课之前,每天的功课是打靶,

---

① 《大闹学堂》,《申报》1898年5月5日,2版。
② 鲁迅:《华盖集·忽然想到》,《鲁迅全集》第3卷,人民文学出版社2005年版,第65—66页。
③ 周作人:《知堂回想录》上,止庵校订,北京十月文艺出版社2013年版,第147页。

但是或者因为子弹费钱的缘故罢，后来大抵是隔日打一次了。……打靶也要先排好了队出去，末了整队回来，规矩很严了，最初却很是自由，大家零零落落的走去，排班站着，轮到打靶之后，也就提了枪先回来了，看去倒很有点像绿营的兵，虽然号衣不是一样。老学生还是高卧着听人家的枪声，等到听差一再的来叫，打靶回来的人也说，站着的人只有两三个了，老爷们于是蹶然而起，操衣袴脚散罩在马靴外边，蓬头垢面的走去，不管三七二十一的开上三枪，跑回宿舍来吃冷稀饭，上课的钟声也接着响了起来了。

每星期中爬桅一次，这算是最省事，按着名次两个人一班，爬上爬下，只要五分钟了事，大考时要爬到顶上，有些好手还要虾蟆似的平伏在桅尖上，平常却只到一半，便从左边转至右边，走了下来了。[①]

从中亦可见该学堂学生的精神面貌。纪律涣散，敷衍了事，活脱脱的"老油条"也。可是，这与报上登载的此一时期江南水师学堂学生的考试表现大相径庭。

1897年，《申报》刊载了一则《学堂试武》的消息。学生表现不俗。

金陵采访友人云江南水师学堂每届半年，例得聚各学生而考之，以定殿最，本月某日循例开考，先试以汉文、

[①] 周作人：《知堂回想录》上，止庵校订，北京十月文艺出版社2013年版，第129—130页。

西学诸课，各学生依题献艺，斐然可观，既而堂中提调监督教习各员面请总办定期演武，桂莘亭方伯据情禀知刘岘帅后，即亲莅操场校阅，既升座，管轮、驾驶两院生咸擎枪列队而前，步伐整齐，坚如壁立，一声令下，即举枪打靶，务期命中摧坚，更有数生猱升桅巅，以试胆力，方伯颇为称赏，迨阅毕，奖赉有差。①

1899年，《申报》又刊载了一则《考验学生》的消息。学生同样表现不俗。

> 岘帅入堂小坐，旋升演武厅，传令考试，驾驶之法，各学生即异全副轮船机器至演武厅阶下，运动机轮，极操纵自如之能事。继又命试升桅捩舵，诸技亦均臻纯熟。岘帅大悦，赏赉有差，试竣观察请岘帅暨司道以下各官退入后堂，款以盛馔，然后恭送帅节返辕，各官亦以次命驾而返。②

完全没有平日自由懒散的样子。不过，这种"翻然一变"的原因似可从周作人的回忆中得到解释："有点本事的人则玩木马、云梯及杠杆等，翻跟斗，竖蜻蜓的把戏，虽然平日功课不大好，但在大考时节两江总督会得亲自出马，这些人便很有用处，因此学校里对于他们也是相当的看重的。"③ 学堂的大考靠的

---

① 《学堂试武》，《申报》1897年1月26日，1版。
② 《考验学生》，《申报》1899年11月9日，2版。
③ 周作人：《知堂回想录》上，止庵校订，北京十月文艺出版社2013年版，第130页。

正是这些"能人"来粉饰的。

虽说可以糊弄得一时，但终究会"露马脚"的。这次，张之洞为江南水师学堂实习船"寰泰"兵轮上的"应付差使"、弄虚作假所震惊。光绪二十九年二月二日（1903年2月28日），张之洞上奏《特参管带练船参将折》。从中可以看到水师学堂的实习真是烂透了。

窃照"寰泰"兵轮前经改为练船，专为教练水师学堂学生而设。查刊本南洋水师练船章程内开，该船共设教习四员，练船正教习即以管驾官兼充，一切应知应能之事，号召部署攻战守御之法，驾驶、积算、御风、应变之术，皆归课习。其枪炮、帆缆、测量三教习所授各项功课，仍统归管驾官督同酌定，随时稽查，具报水师学堂查考。其学生上练船之后，应令先习帆缆两三月，俟其渐熟，再行驶出洋面，练习风涛，定限三年。周历各海洋、各口岸，各将经纬度数、沙线、礁浅、山海形势，各国炮台、兵轮、操法，详登日记，并分晰绘图。每七日送管驾官校勘一次。俟毕业回宁大考时，汇送查核。又载，学生上船后，由管带官认真管束，督率课练，如无实效，即将管带官议处各等语。是管带官责任綦重，应如何认真办理。乃此次练船学生毕业，经臣亲往校阅，令其演放大炮，手法生疏，草率拉火，不响遂不再安拉火，空手作一拉之势而已；令其装配药弹演试炮准，则管带甚有难色，据云：数年来罕有装药实放。十分可骇；令其演行船、撞船诸事，则只空比手法，船身并不运动，种种直同儿戏；令演帆缆功课，则云，旧日帆缆坏烂，禀请添制未准，遂未演习；索阅其出洋海图，则三年内仅寥寥数纸；至于体操则甚属草率；军装则不遵带号帽。司道将领随同在船观看者无不哑笑，而管带、教习亦腼然不以为怪。询问所历海洋，则仅到过朝鲜一次，三年之中，并中国所辖海面之琼州、钦州，及日本、西贡最近之海洋亦不能到。似此各项功课实际毫无，不知该学生等所练何事，所毕何业。管带"寰泰"练船福建补用参将何心川，平日并不遵章教督课练，虚縻经费，旷废岁月，贻误水师人才，实堪痛恨。除此次学生不准作为毕业，及另派管带"寰泰"练船，并将练船教习撤差示儆外，相应请旨将福建补用参将何心川即行革职，以为将来管带兵船、练船各官及堂内学生不讲求操练者戒。[1]

如此"船课"训练，弄虚作假，自欺欺人，视军事为儿戏，倘将来开仗，后果如何，可想而知。

实习"船课"如此"忽悠"，在学校的"堂课"又怎么样呢？光绪三十一年正月二十日（1905年2月23日），铁良奏请密查江南防务折，其中关于江南水师学堂的内容如下：

查该堂立法甚善，规模已极宏敞，学生敏捷英武者居多。惟教法太旧，堂规松懈，以致学生入学数年，尚未登舟演习。且查堂内小机器厂，屋内尘垢积满，不似逐日操

---

[1] （清）张之洞：《特参管带练船参将折》（光绪二十九年二月二日），见赵德馨主编：《张之洞全集》第4卷，吴剑杰、周秀鸾等点校，武汉出版社2008年版，第130—131页。

作气象，所存新旧鱼雷多碰伤者，办理殊欠认真。①

从这些材料来看，说江南水师学堂"乌烟瘴气"，真不冤枉它。

这让鲁迅"总觉得不大合适"，于是，他选择逃离。注意，此后，在日本东京，他也基于类似的原因（比如，傍晚"学跳舞"的留学生将地板踩得"咚咚咚地响得震天，兼以满房烟尘斗乱"②）而逃离。"不肖生"就说到当时在日本的两类留学生，一类是"公费或自费在这里实心求学的"，一类是"使着国家公费，在这里也不经商、也不求学，专一讲嫖经、读食谱的"。③"实心求学"的鲁迅遇到那些不求上进，到上野公园赏樱的、晚上学跳舞的留学生，就浑身不自在，于是决定学医的鲁迅"想进一个没有中国留学生的医专"，他的同学告诉他"仙台医学专门学校地处偏僻，无一中国留学生，鲁迅便决定去仙台"④。鲁迅也因此成为仙台的第一个中国留学生。"讨厌在东京的中国留学生"是他离开东京前往仙台的重要原因。⑤从此一事例，我们不难理解他为何要退学水师学堂了。

学堂的思想保守与学生的玩愒时日恐怕正是鲁迅所说的

---

① 《铁良奏密查江南防务折（江南水师学堂部分）》（光绪三十一年正月二十日），见张侠等编：《清末海军史料》上，海洋出版社1982年版，第416页。
② 鲁迅：《朝花夕拾·藤野先生》，《鲁迅全集》第2卷，人民文学出版社2005年版，第313页。
③ 不肖生（向恺然）：《留东外史》，岳麓书社1988年版，第1页。
④ 沈瓞民：《回忆鲁迅早年在弘文学院的片断》，见鲁迅博物馆等编：《鲁迅回忆录》散篇上，北京出版社1997年版，第49页。
⑤ 周作人：《鲁迅的青年时代》，止庵校订，北京十月文艺出版社2013年版，第38页。

"乌烟瘴气"。于是,在水师学堂待了不足半年的时间,适逢江南陆师学堂新设的矿路学堂招生,鲁迅遂于 1898 年 10 月 26 日考入矿路学堂。

始勤终懈,民国转型

江南水师学堂于 1890 年创建,1911 年辛亥革命停办,有清一代,前后共有 22 年时间之久,可以说经历了一个"始勤终懈"的过程。

陈景芝在《旧中国海军的教育与训练》中,叙述了江南水师学堂在清末时期的沿革。

> 1905 年春,江南水师学堂由总理南北洋海军、广东水师提督叶祖珪为督办,蒋超英为总办。1909 年学堂归辖于北京筹办海军事务处(后改为海军部),改称为南洋海军学堂。[1]1911 年冬,因辛亥革命,南京纷乱,学堂经费无着,遂宣布办理结束,将驾驶、管轮未毕业的学生转送烟台海军学堂,插入驾驶班续业。

> 江南水师学堂自 1890 年开办起,迄 1911 年结束止,驾驶科学生毕业七届,计一百零七名;[2] 管轮科学生毕业六届,计九十一名。管轮科学生修业期间,因教习调动,以

---

[1] 1909 年,樊增祥上奏改江南水师学堂为南洋海军学堂。见高时良编:《中国近代教育史资料汇编·洋务运动时期教育》,上海教育出版社 1992 年版,第 481 页。
[2] 《海军各学校历届毕业生名册》云,江南水师学堂驾驶班共七届,毕业生共计一百零八名。见张侠等编:《清末海军史料》上,海洋出版社 1982 年版,第 445 页。

致课程延搁；并有部分学生调驾驶班补充缺额，故比驾驶科少毕业一届。

除过驾驶科、管轮科学生而外，江南水师学堂当初吸纳了此前的南京鱼雷学堂，其鱼雷班学生情形如下：

> 江南水师学堂设立时，停办南京鱼雷学堂，将鱼雷厂的鱼雷及机器移交江南水师学堂，学生亦转入江南水师学堂附学。第一届鱼雷班学生王惠祖等六名于1890年冬毕业。1893年，水师学堂创设鱼雷营于草鞋峡，招考艺徒雷兵入营训练。……1904年，江南水师学堂认为鱼雷为驾驶学生必修课程，不必另设鱼雷专班，于是停止招收学生。鱼雷班自1886年学堂开办起，至1904年停办止，毕业三届，计十三名。①

因此，自创办至清末，江南水师学堂毕业驾驶、管轮、鱼雷学生共212名。

1912年，民国创建。1912年10月30日，海军部提出更改南京海军学堂为海军军官学校的咨文。文称：

> 海军部咨：查海军以人才为重，人才以教育为先，照现在经费支绌情形，固难遽议扩充，惟就原有学堂、练舰

---

① 陈景芗：《旧中国海军的教育与训练》，见高时良编：《中国近代教育史资料汇编·洋务运动时期教育》，上海教育出版社1992年版，第484—485页。

更易名称，加以整顿，亦可略资补救。兹拟先就南京旧有海军学堂改为海军军官学校，将各见习生派入该校肄业。原有"通济"练船专为练习舰，将各舰未经历练之员，轮流派登该船练习。所有军官学校常年经费与从前海军学堂常年额支、活支两款共需银三万四千余两，数目约可相符。惟该堂房舍、仪器、书籍、家具一切，光复后难免损失，现在改办之初，自宜略事修改、添置，约需开办费洋五千元，此项开办费由财政部拨给应用。至"通济"练习舰原有额支外，约月须加经费洋一千元。除派本部参事李和代理军官一母校校长，暂行简章以部令行之，并呈大总统鉴核批示，咨财政部查照办理外，相应将暂行简章咨达贵总理察核备案。特此咨达旧务总理赵。①

1915年，海军军官学校又被改为海军雷电学校。曾在海军雷电学校担任过总教官的林献炘介绍了其中的情形。

民国四年（1915），又改为海军雷电学校。② 选舰队军官及烟台海军学校航海毕业生为鱼雷班（此时舰队已配有新式鱼雷）；招高中学生为无线电班，聘请挪威人无线电工程生萨文生（A. E. Salvesen）为教授；并派留德、奥

---

① 《海军部拟改南京海军学堂为海军军官学校咨文》（1912年10月30日），见杨志本主编：《中华民国海军史料》，海洋出版社1986年版，第77页。
② 此即鲁迅打趣说的"光复以后，似乎有一时称为雷电学堂，很象《封神榜》上'太极阵'、'混元阵'一类的名目"。（鲁迅：《朝花夕拾·琐记》，《鲁迅全集》第2卷，人民文学出版社2005年版，第303页）

学员林献炘充总教官，兼全军鱼雷总操练官。民国六年（1917），将烟台枪炮练习所归并于南京海军雷电学校，改称海军鱼雷枪炮学校。海军少将郑伦为校长，鱼雷枪炮课由总教官林献炘与海军部技正郑滋樨分别担任。自1915至1917三年间，无线电生共毕业三班计八十六名。然后无线电班暂行停办。鱼雷班、枪炮班各以六个月为届，由1915至1927十二年间，共毕业廿一届计四百余名。鱼雷班毕业后须往象山港或湖口等处演放鱼雷，作为实地练习；枪炮班毕业后则征上海兵工厂、江南造船所、海军军械所及浦东杨口港之药弹库各处参观。直至民国十六年（1927），鱼雷枪炮班始告结束。①

这是江南水师学堂在民国时期的情形。

通过以上一些原始文献的梳理，我们可以对鲁迅曾经就学短短数月的江南水师学堂的设立缘起、建造经过、招考章程、考核方式、学习生活、学堂风气等情况有个大致的了解。

要之，江南水师学堂的设立，是中国自鸦片战争以来，特别是1884年中法战争以来，屡败海上的清政府痛定思痛，惩前毖后，大治水师的产物。1885年，遵旨筹议海防的两江总督曾国荃提议，依照英国规制，"在金陵下关设立水师学堂"。1890

---

① 林献炘：《海军各学校沿革之概况》，见张侠等编：《清末海军史料》上，海洋出版社1982年版，第432页。

年，曾国荃病逝，与此同时，江南水师学堂在沈敦和的精心擘画下正式建成，并发布章程、正式招生。由于该学堂采取全英文授课，对学生的英文要求甚高，加之中西并学、文武兼修，一时非俊秀子弟不能入学。该学堂"后天优势"是"不收费，有津贴"；"先天劣势"是难以与有着强大传统和诱惑力的科举制度相抗衡。学堂创办之初尚办理得法，学生亦能力读勤学，成绩优异，"堪与英国水师学生相颉颃"。然甲午战败后，学堂每况愈下，甚至乌烟瘴气，教员思想守旧，学生玩愒时日，入学寥寥数月的鲁迅因此而失望退学。从创建到清朝灭亡的22年中，江南水师学堂不幸走了一条"始勤终懈"的老路。

《江南水师学堂考》（上）发表于上海鲁迅纪念馆编：《上海鲁迅研究》（总第76辑），上海社会科学院出版社2018年1月；《江南水师学堂考》（下）发表于上海鲁迅纪念馆编：《上海鲁迅研究》（总第77辑），上海社会科学院出版社2018年4月

1915年，北京

教育部部员摄影纪念。

江南陆师学堂考

鲁迅在南京求学和毕业的矿路学堂是"因矿设学",培养矿师的"工科"学堂,其是附设在江南陆师学堂中的。江南陆师学堂的开设缘起、学校章程、招考、考核和毕业安置等情形如何?我们可以从当时的档案和报刊材料中略知一二。

仿照德制,造就将材

早在光绪十一年六月二日(1885 年 7 月 13 日),遵旨筹议海防的两江总督曾国荃提出当在南京仿照德国规制设立"武备总学堂"。这恐怕是设立江南陆师学堂的最初动议。

> 至江南陆营不乏精悍之勇,而于西法操练,尚未熟谙;即于各种后膛枪炮,亦未一律演习。今拟仿照德国规制,设立武备总学堂,分建学舍两所:一讲实学,专选粗通英国文字之敏干子弟,延请德国能通英文之陆路员弁,分别教授格致、勾股、测地、绘图,建筑营垒、炮台,施放水雷、枪炮,行军传音、电学、光学、气球各项根底之学;一讲操练,拟照李鸿章所奏成法,由各营挑送精健聪颖、略通文义之弁,到堂学习泰西行军布阵、分合攻守、枪炮、

水雷各新法，学成仍回各营因材器使。然后复挑二批，如前学习，庶几更番迭进，材出无穷。①

1894年，甲午战争爆发，军务紧要，两江总督刘坤一被授钦差大臣，节制关内各军，湖广总督张之洞接任两江总督。和议成后，光绪二十一年十一月十八日（1896年1月2日）上谕，刘坤一回任，光绪二十二年正月十七日（1896年2月29日），张刘二人交接。江南陆师学堂正是张之洞接替刘坤一任两江总督时所创设。

江南陆师学堂筹办于中日媾和后的1895年年末。1896年1月6日的《申报》上有这样的一则消息："（光绪二十一年）十一月初七日（1895年12月22日），候补道钱德培由吴淞回，委办江南陆师学堂。"② 可见江南陆师学堂此时正开始筹办。

钱德培（1843—1904），字琴斋，号闰生，山阴（今浙江绍兴）人，鲁迅的老乡。光绪三年（1877），钱德培前往德国，任刘锡鸿使署随员，光绪四年（1878），为接替刘使的李凤苞所留任，在欧洲工作生活长达七年时间，光绪十年（1884）归国。其著述的《欧游随笔》正是此段时间的在德见闻。1887年，他作为第二次出任驻日大使的黎庶昌③的参赞出使日本。④ 后任天

---

① 《两江总督曾国荃遵旨筹议海防折》（光绪十一年六月二日），见张侠等编：《清末海军史料》上，海洋出版社1982年版，第45页。
② 《江督辕门抄》，《申报》1896年1月6日，9版。
③ 黎庶昌先后两次出任驻日大使。第一次是1882年2月14日到任，1884年10月5日忧免；第二次是1888年1月4日到任，1891年1月29日卸任。其任职时间可参见佚名辑：《清季中外使领年表》，台北文海出版社（无出版日期），第28页。
④ 《星使启行》，《申报》1887年12月27日，3版。

津武备学堂监督，1893年，以补用道分发江苏。[①] 1895年，受张之洞之委托与江南水师学堂总办桂芗亭办学，[②] 是年末受张之洞委托办理江南陆师学堂。

光绪二十一年十二月十九日（1896年2月2日），张之洞奏请创设江南陆师学堂。

> 窃惟整军御武，将材为先，德国陆军之所以甲于泰西者，固由其全国上下无一不兵之人，而其要尤在将领营哨各官，无一不由学堂出身，故得人称盛。今欲仿照德制，训练劲旅，非广设学堂实力教练，不足以造就将材。
>
> …………
>
> 查江南省城原设有水师学堂，今于仪凤门内之和会街地方创建陆军学堂，取其宽旷清净，远隔市廛，讲舍住屋操场一律备具。现已电托出使大臣许景澄延请德国精通武事者五人为教习，慎选年十三岁以上二十岁以下聪颖子弟，文理通顺、能知大义者百五十人为学生，分马队、步队、炮队、工程队、台炮各门，研习兵法、行阵、地利、测量、绘图、算术、营垒、桥路各种学问，操练马步炮各种阵法。炮在武学中又别为专门，尤非浅尝所能见效，所有应习各门约以二年为期，二年后再令专习炮法一年；又须略习德国语言文字以便探讨图籍，大约通以三年为期满。期满合考，分别甲乙，是乃毕业。仿照总署同文馆章

---

① 《析津近事》，《申报》1893年11月21日，2版。
② 《白下官场纪事》，《申报》1895年10月14日，2版。

程三年期满请准择优保奖，并选其学业贯通，秉性忠正者，分派各营任用，不使已成之材坐叹闲散；庶肄业者以好学为劝，闻风者以来学为荣，而国家亦遂收得人之效，此整饬武备之至要关键也。所有造建房屋、置备器具等费，约需银四万数千两，拟在筹防局款拨用，其常年经费约需银四万余两。①

江南水师学堂是以"英"为师的，江南陆师学堂则是以"德"为师的。因为在当时，英国为海军之魁首，而德国为陆军之翘楚。因此我们就能看到，鲁迅在江南水师学堂读的是"It is a cat.""Is it a rat?"而在江南陆师学堂的矿路学堂读的就是"Der Mann, Die Weib, Das Kind"了。当然这奏章中所提的150个生员名额，后来减为120个名额。

对于张之洞的奏请，光绪朱批"着照所请"。1896年春，江南陆师学堂于南京三牌楼即行兴建，至夏间因徐州匪扰，未能兼顾而暂时停工，而接任的刘坤一担忧陆军青黄不接，以此为当务之急，未便中止，继续接办。报云：

  金陵访事人云，前署江督张香帅在宁时，除设立自强军延请德员教习外，又拟创办陆师学堂，以为自强全图，曾将创设情形缮折入奏，一面饬善后局就城外盖造屋宇，并札委候补道钱琴斋观察德培为总办。缘观察向在武备学

---

① （清）张之洞：《创设陆军学堂及铁路学堂折》（光绪二十一年十二月十九日），见赵德馨主编：《张之洞全集》第3卷，吴剑杰、周秀鸾等点校，武汉出版社2008年版，第324—325页。

堂，曾经历练有年，故有是选。嗣后刘岘帅回任，以此系奏案，而且成功不废，亦即派员在清凉山之麓相地起盖学堂，俾事有成，不以经费支绌而中止。计自春初以来，鸠工庀材，已非一日，业已建成广厦若干间，迨夏季当轴以徐州匪扰，方拟调兵拨饷，未遑兼顾，且库款亦经入不敷出，当此上下维艰之日，实有应接不暇之势，因于陆师一节，恳暂且缓办，其时亦即停工矣。近日官场中人云岘帅统筹全局，以陆军渐就凌夷，诚恐一旦有事，缓不济急，目下老成宿将日见凋谢，勇丁习为狡诈，无复当年淳朴气象，亟宜培植后起，因念此举实为当今急务，未便中止。刻下复遴委干员，接办此项工程。所有学堂规模一遵北洋制度，并札谕钱观察开具详细章程，呈候查核，且料理招考学生一事宜云云。然则此事如果大宪胸有成竹，自不至行行且止矣，人材振起可拭目待。[1]

从 1896 年 10 月间报上新闻可知，学堂业已建成。"省中陆师学堂前经筹办，某日刘岘帅接奉廷寄，即会集司道熟商谕饬工程局赶紧起盖。旋由局员丈勘绘图，计塾舍若干间，及堂皇厅事，一切俱布置周详，鸠工庀材，大兴土木，刻下工程已竣。总办钱琴斋观察德培亲往收工，禀覆岘帅。"[2] 江南陆师学堂的建筑式样与江南水师学堂有相似之处。比如洋员所住为洋楼，其余建筑则系中式建筑。从 1896 年 11 月 18 日《申报》上的招考

---

[1] 《举办陆师学堂》，《申报》1896 年 8 月 16 日，1 版。
[2] 《学堂告竣》，《申报》1896 年 10 月 22 日，2 版。

布告中可以一窥该学堂的建构和规模。

> 金陵访事人云,前报载江南陆师学堂大工将次告竣,不日可赋落成。兹谂学堂基址在三牌楼地方,屋房共有五进。前进五开间,门房一所,中进厅事,后进堂宇,俱各五楹,再由穿堂入内,则横舍云连,为诸生燕息之所,规模宏畅,不下二百间。四面缭以垣墙,其中院落极为宽大,盖以备各学生就中操演技艺也。此外又有洋式层楼两座,高大轩昂,与水师学堂髣髴,但少船桅及鱼雷各制度耳。总办陆师学堂钱琴斋观察德培于某日阅视工程毕,随诣督辕,禀闻岘帅,出示招考,不及旬日陆续报名者已不一而足,所收名条,惟江浙闽广等处人最多,大约十居六七。刻据钱观察又出示晓谕,大略谓报考学生固宜填写某省籍贯,但现在旅寓何处,亦须详细注明,以便稽查,分别收考。且试期伊迩,统望速具保结前来,毋得自悮云云。似此造就人材,不遗余力,想有志为国干城者均当奋袂而兴也。[1]

江南陆师学堂招生章程与江南水师学堂的大同小异。《江南陆师学堂招募章程》首条即云:

> 现在江南陆军奏明仿照德国军制,次第开办。而培植将材,尤为先务。现拟延聘德国陆军教习,参仿北洋章程,

---

[1] 《陆师招考》,《申报》1896年11月18日,1版。

开堂教授兵法、行阵、地利、测量、绘图、算学、营垒、工程、军器、台炮、操练马步炮队及命中取准、德语文字。一切功课,惟其理法精密,必须聪俊子弟,方能学习。今拟招募一百二十人,不拘省份籍贯,自十三岁以上,二十岁以下,已读数经,能作策论,文理已通顺者,俟本学堂出示招考时间,开明年貌三代,来堂投考。察其年貌相符,验明体气结实,身无隐疾,即由本人家属出具甘结,及绅士保结,声明身家清白,并不崇奉别教,当留堂试习四个月,再行察看。或情性执拗,资质鲁钝;或举止轻浮,语言涩滞,即行剔退另选,甘结保结发还。其自外省投习者,往来不给州资。已录取者,在堂以三年为期,甘结内声明未满三年,不得自行告退、请假、完娶以及应试各项。内外场功课繁重,倘因登高履险,设有他虞,各听天命。如或借众滋事,畏难逃学,除将该生革除外,仍行县提其家属,追缴历领赡银,及已用伙食银两,以警效尤。

从中可见其专业课程设置。而关于学堂功课中的汉文功课,章程这样说:"学堂设汉文教习四员,照排定功课单,按时教授经史,以及《春秋》《左传》《战国策》《武经》诸书,并有益经济之文,以扩知识。定期教习,命题作论,呈送改阅。授课则通力合作,管束则每员分带三十人。立品励学,责在教习。"[①] 其他生活待遇(费用、饮食)、医疗、奖惩、考核与水师

---

① 《江南陆师学堂招募章程》,《皇朝畜艾文编》卷四十二,见高时良编:《中国近代教育史资料汇编·洋务运动时期教育》,上海教育出版社1992年版,第505—506页。

学堂大致相同。

冒名枪替，滥竽充数

章程发布，随即进行招考。所谓招考就是作文一篇。1896年12月2日，《申报》记述了江南陆师学堂招考的情形。

> 金陵访事人云，江南陆师学堂出示招考学生已纪报简，兹悉投考者均由地方官处报名，备文申送，总办钱琴斋观察德培当即禀明督宪定期开考。计已考过三次，均择城北文昌宫内面试。观察公服南向坐，俟考生鱼贯入，按册点名给卷毕，握管命题，黏贴楹柱，并有委员三四辈奉总办谕，在考堂中往来巡察，以杜枪冒等弊，规矩极形严整。第一次考题人才首重德行论，第二次考题治天下以正风俗得贤才为本论，第三次考题先天下之忧而忧论。时有旗籍考生某甲当脱稿誊真之际，委员在旁巡阅，见其真草字迹不符，疑系倩人捉刀者，诘之至再，甲怒而詈之，委员遂面禀观察，观察亲临阅视，讵甲性颇崛强，不服盘诘，将试卷当面扯碎，拂袖出门而去。阅日评定甲乙，缮榜揭晓，分正取副取备，取三等计共六十四人，距额设一百二十名之数，仅得其半。观察饬于廿三日先行取具保结呈核，以便入学堂居住。嗣后投考者均在本学堂分别考试，并闻俟录取满额，一齐到馆，即按月给发膏火。每名二两，积至四月，仍须通同覆考，以定班次，头班四两以下，则递减有差，再积至三年毕业之时，由本学堂德国洋教习带领原

班学生出洋游历，练习军务，亦以三年为限。返华充当哨长一年，以觇能否后升充管带、统领等差，惟视上游量才器使，是皆该学堂章程中所附及者，故觍缕述之，以副有志诸君快睹之意。①

虽然招考进行了三次，也仅录取了六十四名，距离一百二十名满额尚差半数，这不是要求过高所致，而是生源质量太劣所致。也由此可见，其时青年人是不愿报考此类学校的。从报道中可知，当场还从考场发现一名替考之"枪手"，但是还有众多没被发现的"枪手"暂时得以蒙混过关。

由于生源严重不足，学堂接着于农历十一月初二、初七两日再进行两次续考，初二日的题为"听其言而观其行论"，初七日的题为"君子欲讷于言而敏于行论"。"文试"后还有"武试"，考生于"缴卷后即饬当阶搬舞青石，试其膂力，石之轻重不等，自三十斤至数十斤，各随量力而试，以百斤为度"。两次续考后，再行录取三十余人。②

勉强取足学生，学堂正式开课。自然，凡事于起步阶段，各方总都是竭力尽心、认真对待的。

> 江南陆师学堂总办钱琴斋观察德培自综理学堂事务以来，于学生功课非常认真，前所聘请之洋教习，现在尚未到馆，因先延北洋武备学堂中著名人员充副教习。每晨，

---

① 《陆师招考续述》，《申报》1896年12月2日，1版。
② 《学堂补考》，《申报》1896年12月21日，2版。

副教习领带学生下操场，讲究列阵、步伐、演习洋枪诸艺，每次计时有四点钟之久。诸学生得其指授，亦即坐作进退，仰听指麾，无不婉转如意。操毕，仍入塾，分班肄习汉文。汉文功课以讲解《战国策》《左传》及《孙子十三篇》《诸葛武侯兵法》等书为正宗。所延汉教习数员俱系时下名流，非如吕蒙之出自行间者可比，每值礼拜六日期，由教习按切时务命题，作论一篇，课卷在本堂领取，纳卷后听凭总办披阅，评定甲乙。有逃课一次者，即在该生名下记过，如已记过三次即行开除。每月月终，又由总办命题面试，试之日有委员三四辈在堂稽查，以防捉刀舞弊，名曰堂课。课程较民间学塾尤为严紧，以故期望子弟读书成名之家，无不啧啧称羡，以为难得似此培植人材乐地。①

学堂由于认真负责，纪律严明，而成为人们羡慕的培育子弟之良所。"每值礼拜六日期，由教习按切时务命题，作论一篇"②，从中也可以看出该学堂的新派气象，鲁迅日后遇到的"华盛顿论"这样的题目正是学堂中"按切时务命题"的产物。

尽管学堂如此认真负责，但是学生却不成器。当初招考时蒙混过关者，特别是冒名枪替者，纷纷现出原形。而这种情形竟不是个别现象，而是普遍情形！逢周六作论之时，竟有一大半学生是"白卷先生"，令人大跌眼镜！最后总办钱德培痛加澄汰，一百二十余人中弄虚作假、冒名顶替者竟高达八九十名，

---

① 《人材难得》，《申报》1897年1月29日，2版。
② 《人材难得》，《申报》1897年1月29日，2版。

最后仅余二三十名学生，而这留下的二三十名学生，也是些半天憋不出几句通顺的话的学生。

> 第内中有一种得题镇日竟不能成一字而曳白交卷者，居其大半。一时受卷委员大为骇异，叩其何以始终不符若是，皆不肯吐实，穷诘至再，乃知满馆皆羊公鹤也，云由前此招考时人人皆以为进身之阶，夤缘干进，以期滥竽。其无援引者类由人为之枪替，不尽真姓实名，刻下经此一番面试，所有弊端，尽行水落石出。观察于是痛加澄汰，凡有年貌不符与文字不通者，一律开除。计从前早报额满之一百二十名，现已革退八九十人，留堂者仅二三十名。然犹大半终日握管城子，不能挥洒自如，操纵由我。说者谓人家好子弟即能文理明顺，其父兄必不肯付之堂中，或者开年再招，未必有如是之踊跃矣。[①]

从中可见，当时社会上人们对此类学堂的认识。也可知，当年鲁迅考入江南陆师学堂附设的矿路学堂，实在并非什么难事。

甄别优绌，奖叙优等

后来总办钱德培是如何补足这一百二十个名额的，不得而知。江南陆师学堂考试制度是一年四考，每季一考。"金陵陆师学堂定例每年分四季考试，而以春季课为甄别，总办钱琴斋观

---

① 《人材难得》，《申报》1897年1月29日，2版。

察示期三月二十五日循例举行，先内场、次技艺逐一详加校阅，优者留堂肄业，劣者即行黜退，以期学有实效，费不虚糜。"[1] 春考似最为重要，甄别优绌，以定赏罚。且看1898年春考之情形。

> 金陵访事人云，陆师学堂于本月二十一日举行春季大考，已志前报。嗣闻二十二日清晨水师学堂总办柯受丹观察又命驾到陆师学堂，由学堂总办钱琴斋总办迎入花厅，茗谈片刻，旋同莅操场，升坐演武厅。洋教习率领通班学生齐集厅下，奉令先演排枪，次放巨炮，再次试□墉踰沟等技，最后演西国各种阵图，一切操法，悉本于德国《陆操新议》一书。两观察校阅之下，诸生优劣皆于花名册中详晰存记，自朝至暮，其事□竣，两观察至花厅晚膳后，互论诸生孰精于语言文字，孰长于枪炮阵图，孰擅专长，孰兼众美，评论许久，意见相同，时近子刻，柯观察始起兴辞，约诘□再，将诸生优绌详细造册，呈请南洋大臣鉴核评定甲乙分别赏罚。[2]

最重要的考试，当然是毕业考。光绪二十五年（1899），学堂招收的第一届学生三年期满毕业。毕业之际，刘坤一等各路官员、客人联翩而至，前来检验学生成绩。学堂中一百二十名学生，分为步队、马队、炮队、马炮新队四队，每队三十人，依次演示。报上详细记载了江南陆师学堂学生毕业演武之情形。

---

[1] 《钟山滴翠》，《申报》1899年5月19日，3版。
[2] 《陆师季考续志》，《申报》1898年4月19日，2版。

金陵访事友人云，江南陆师学堂自开办迄今，晌经三载，各学生已一律卒业。总办钱琴斋观察禀知两江督宪刘岘帅，示期本月二十日亲加考试。计堂中学生一百二十名，分为四队，曰步队、曰马队、曰炮队、曰马炮新队，每队各三十名。是日，天甫黎明，咸装束整齐，由教习率同晋谒本学堂总办，俄而府县各官先后戾止，盐巡道江宁藩司暨督中协城守协亦联袂而来，辰巳之交，长江水师提督黄芍岩宫保节钺遥临，司道府县两协迎入花厅，序坐甫定，金陵新关税务司教堂司铎，与夫旅居省垣之各西人咸具公服，佩宝星，联翩荟萃，盖先期由岘帅折柬相招也。钟鸣十下时，岘帅鸣驺莅堂，中西各官齐至阶下恪恭迎入坐定，略叙寒暄。钱观察禀请开考，岘帅领之，遂由观察导至演武厅，厅之正中排设两公案，左督宪，右提宪，皆南向，东西两旁，各设数公案，司道以下居东，两协以下居西，各西人则在檐前依次列坐。四队学生，鹭翘鹄立，肃静无哗，观察趋诣督宪前请令，岘帅商之宫保，传令先试步队。于是步队三十人，趋前献艺，先演步法，后列阵，动作进退，变化无端，各极五花八门之妙，岘帅顾而色喜，各赏给银牌二面。次试炮队，先于五十码外，设一纸人为的，学生三十人共舁巨炮四尊至演武厅陛下，安置平稳，装配子药，以次轮流开放，每人连放三出，中的者多，试毕，岘帅各赏银牌一面。再次考马炮队，学生三十人合力从演武厅后挽五炮车出，在操场中安放木马五，将五炮从车上拆下，置诸木马之背，作运动机括势，作装放药弹势，作策马使行势，良久仍由木马背上将炮卸下，还置车中，岘帅虽不甚惬意，亦各赏银牌。最后考马队，学生三十人分作三班，每班十马，并发追风逐电，超轶等伦，既而三十马排成十字，忽又分为两行，为六队、为十队，忽又改作方围、圆围，均能齐止齐行、不先不后，岘帅官保暨中西各官大加称赏，每人各赏银牌二面，事毕。钱观察乃请同莅堂中午膳，时已钟鸣一下矣。①

四队之中，步队、马队表现不错，炮队时有未中，而马炮队做得都是一些"假动作"，岘帅因之"不甚惬意"。

学生表演过打炮，但还没打过枪。"岘帅以陆师莫重于枪炮，各学生操炮课程固已早经面试，须再试放枪打靶以定优劣，爰示期本月十二日亲临考试。"② 于是，刘坤一再来学堂考试打靶。

是日清晨，四班学生咸戎服携枪齐集演武厅。去厅一百五十码设立高五尺、宽二尺五寸之铁靶靶心作八卦形，八方填写数目自一字至十一，字居中则写十二两字。平日操枪工课以中数目字为优等，中靶而不中数目字者为次等，不中靶者为劣等。钟鸣十下，岘帅升座演武厅，传令五人一排同时开枪打靶，自巳至酉仅试六十名，尚有六十名以时将薄暮，不必作全豹之窥，乃鸣驺返节辕，观察命通堂学生排队鸣枪恭送。闻岘帅之意，将于诸生中择其殊尤出众者，派往泰西游历，俾成有用之材，其余则拨入沿江各

---

① 《陆师演武》，《申报》1899年10月2日，2版。
② 《大考学生》，《申报》1899年12月20日，1版。

要隘炮台效力。①

本拟挑选一些优等学生赴西游历，然而，由于经费问题，此举不得不取消。但对这届毕业生来说，此时陆营正改习洋操，亟需教习，这批毕业生正好有其用武之地。刘坤一奏称："江南陆师学堂已届三年毕业，各该学生于泰西戎事实力讲求，确有心得，迥非专袭皮毛者可比。江南各军业经改练洋操，自应将此项一二等优生分发各营旗，教习测绘及一切攻守机宜，俾各勇丁取法有资，日臻精进；各学生亦可藉事历练，以储异日将领之材，实于武备大有裨益。"②报上亦云："本拟择其尤者派员带赴泰西各国游历，而以其次拨往各要隘炮台营伍当差，嗣以游历之举，川资经费需用浩繁，因思目今三江陆营改习洋操，需人教习，爰将头二两班学生分派各营，俾得悉心训练，其三四两班则令留堂再习数月，陆续派差。"③

光绪二十五年十二月十五日（1900年1月15日），刘坤一奏请奖叙优等学生及出力人员时说到学堂办学成绩。

> 臣维今日时势，以练兵为亟，而练兵次序当以陆军为先。泰西陆军以德国为最，而德国将才悉由学堂而出。兹江南创设陆师学堂，延聘德国将弁为教习，三年以来，无间寒暑，各学生悉心探讨，造就均有可观。迭经德国亲王

---

① 《大考学生》，《申报》1899年12月20日，1、2版。
② （清）刘坤一：《毕业学生分发营旗充当教习拟给薪水片》，中国科学院历史研究所第三所主编：《刘坤一遗集》第3册，中华书局1959年版，第1190页。
③ 《学成致用》，《申报》1900年1月18日，2版。

亨利、英国议绅贝思福、美国使臣康贝请赴该堂阅操，极口称许，咸谓中国如此教练，何患不强？是此项学堂为戎事强弱之基，亦各国观瞻所系。现经臣将毕业一、二等优生分派各营任用，增其历练，广其智能，度必有英才出乎其间，仰备国家干城之选。①

首届学生毕业后，江苏候补道钱琴斋观察德培随同两江督宪刘坤一北上入觐，并晋谒荣禄。1900年4月12日，报称，荣禄拟将武卫全军分为南北二军，"北军由中堂自行统带分防北洋，至南军则分扎南洋各要区，顾非得知兵大员不足以资镇慑"，"中堂以观察创办江南陆师学堂于今三年，成效昭著，堪以委统南军，当即檄令将武卫前军十营后军十营概归观察总统，仍听中堂节制"。此一消息传到江宁，校长大人受此重任，学生自然欢呼雀跃，"陆师学堂诸生知观察旌旆遄回，必当量材器使，故皆欢忻雀跃，拟为国家效力戎行焉"。②可是，"钱校长"固然优异，但论资历和地位，钱德培和荣禄绝非一个层级，又焉能相提并论？

光绪二十六年四月十九日（1900年5月17日），被委任江西淮盐督销局总办的钱德培，搭附招商局江永轮船抵浔盐局就任新职。③

---

① （清）刘坤一：《陆师学堂期满请奖折》（光绪二十五年十二月十五日），见中国科学院历史研究所第三所主编：《刘坤一遗集》第3册，中华书局1959年版，第1190页。

② 《总统南军》，《申报》1900年4月12日，1版。

③ 《浔上官场纪事》，《申报》1900年5月23日，2版。

在钱德培担任总办的时候，一次，鲁迅在船上遇到流氓的骚扰和威胁，同船的钱德培曾给他的学生周树人施以援手。鲁迅曾告诉过周建人这么一件事：

> 有一次他休假后回南京，从上海乘长江轮船，因为没有钱，只好坐统舱。他占了一块地方，把自己的铺盖铺好了，离开了一会儿，等他回来一看，铺盖已经被人卷起，别人的铺盖已铺在他的地方，他于是把别人的铺盖卷去，把自己的再铺上。忽然看见一个流氓动手打过来，鲁迅刚从网篮里拿出一个洋铁罐，就随手打过去，把那个流氓打了一下。这下子不得了啦，那个流氓凶狠狠地要动起手来了。这时只听得背后一声大喝："你敢！"原来刚好这天路矿学堂的钱总办也坐这只轮船回南京去，他带了四个卫兵。卫兵看见鲁迅穿的是路矿学堂的制服，又见流氓要行凶，所以喝了一声，把流氓吓跑了。[①]

这是周树人同学和学堂总办钱德培之间的一个难得的故事。

苛待学生，请愿督宪

1903年，江南陆师学堂发生了一起学生反抗校方高压管理，集体退学，并请愿督宪之事。关于这件事，报载云：

[①] 周建人：《回忆鲁迅片断》，《北京师范大学学报》1979年第3期，第32页。

> 南京陆师学堂甲乙丙三班学生，因该堂压力过重，致与监院马某及军器翻译刘某有所龃龉，竟被派兵强拉学生徐某出堂。是以全体咸抱不平，于初六日同盟三十一人出学，赴督辕上控，经江督魏午帅饬将该监督委札调去，并记过一次，又以教习不合有苛待学生之事，仍饬该学堂总办秉公查办云。①

江南陆师学堂31名学生集体退学事件，报上只是含糊地称"因该堂压力过重"，但在1903年出版的《经济丛编》上刊载的《江南陆师学堂学生退学记》一文将此次冲突的前因后果，记载得颇为详细。该事件的经过如下：

> 陆师学堂之始创也，钱观察德培，实手定规制，颇参用川军礼，学生谒总办，必半跪，呼大人，而稽查、支应、文案各员，皆师焉，向固安之。平等自由之说盛，浅者不知其真谛，士气日嚣，惟势陵其上，以为豪举。于是陆师诸生，必欲去其向者所用之礼制。张冠瀛者，尝力争其事，监院为马晋义，诉于俞而不直之。章士钊、徐大纯讼冠瀛屈，忤马意。马固汉文教习，俞方受制军之旨，整顿学务，乃别置监院，以马任之。马所倚信者，学堂经理滕璧。滕故毕业生留堂者也，尝欲有建树，所以立威信。而翻译刘维骧，亦欲得间以见好于总办。
>
> 三月五日，刘维骧方从德教习讲军器，验视炮弹。徐

---

① 《学界风潮》，《蒙学报》1903年第1期，第88页。

大纯问弹何名，用于何炮。刘斥其渎问。适大纯与同坐者耳语，刘疑其诽谤。罪之曰，犯堂规，宜黜革。大纯遽出，遇马。马责其擅离讲堂。令即入，及入。刘怒叱，逐之出，未几辍讲。张钟武偕三人者无故偶出，而堂规无故不得出大门。滕璧侦知之，乃邀监院坐厅事以俟之。钟武等归，马乃传集诸生而指斥之。钟武曰，学生过，自有堂规，何辱为？滕遽厉声曰，今非往岁比，无所谓记过也，过即黜退，汝等凡自料不见容于此者，宜早自谋，勿俟甄别。已而语涉徐大纯，谓已犯堂规，不宥。大纯请其罪状，滕不能答。大纯固请，滕奋袖曰，无多言，总办已有示黜革，复何喋喋。当是时，翻译刘维骐，已白总办逐大纯也。大纯乃曰，此非总办革黜，乃徐大纯自不愿居此奴隶学堂。滕大怒，乃立逐大纯，叱仆役挥之出。诸生皆愤，林懿均者，首出抗辩，谓不宜以盗贼待学生。叱仆役无敢动，滕乃与算学副教习李勋，率亲兵，自逐大纯，于是诸生大哄。滕、李以寡不敌众，遁去。诸生乃聚议，议定，明日谒总办，请黜退马、滕、刘、李四人。

翌日，总办至。而时当讲堂受课，诸生皆集而要于总办。总办责其聚众，而究问首事何人。诸生答以事出公愤，无首从。总办则诘曰，果将何为。诸生方欲言，马、滕遽出而驳诘之，总办乃挥令入讲堂，所请当徐议，诸生入者不及半。总办乃曰，不入讲堂，可归自习室，于是皆归。总办随其后，至引手而噢咻之。文案萧第者，遽前曰，汝等动以亲兵逐徐大纯辱学生全体为口实，大纯之妄，以亲兵逐之固宜，如汝等举动之妄，皆宜以亲兵逐者也。诸生复大愤,势汹汹。萧遽遁,总办亦去。诸生以未得白其意,乃举代表三四人,诣总办,固不得见,惟传谕归室俟后命。诸生即归,监督彭某,出而调停,约以黜罢滕、李,久之不得要领。诸生乃相约上书于总办,请退学。联名者三十一人,总办思有以解散之,诸生三十一人遂出学。①

学生退学之后,曾欲学南洋公学的"样",创办"共和学校",而总办俞明震害怕事态扩大,一面安慰留校之学生,一面致函退学学生,以求息事宁人。而就在此时,传言将有大狱,于是诸生上书两江总督魏光焘,魏一面严令俞总办查明事实,秉公办理,一面言辞严厉地指斥学生,学生一时惊惧,遂与南洋公学退学学生组成的爱国学社商议合流。

方事之始,诸生固有动于南洋公学之往事,既出学,则亦欲如公学诸生退学故事,自立共和学校,乃僦居一寺以谋之。总办俞观察既恫于三十一人之去,方亟思有以慰其留者,则登讲堂演说退学诸生之负义。适有毕业生游学日本者十八人,方归国,乃更使登堂演说忍耐服从之义。而退校诸生,方聚而未散,乃密白制军取进止。而致手书于诸生曰,谕学生等知悉,初六之事,出于仓卒,本总办办理无方,深自媿悔。数年来苦心经营之事,一日瓦解,尤所痛心。尔等皆热心向学之士,一日事有所激,未遂初心,此心之怅惘难安,当与鄙人同也。然恐明此中原委者,

---

① 寄斋:《江南陆师学堂学生退学记》,《经济丛编》1903年第26期,第4—5页。

传说纷纭，激成事变，不知本总办方自疚之不暇，并无苛责于人之意。前事不提，不忍提，惟自伤自疚而已。至堂中之事，仍当极力改良，以图补救，尔等其各努力，鄙人有厚望焉。怅怅不知所云。

诸生即得书，而闻道路喧传，将有大狱，乃共上书制军。制军批曰，官设学堂，所以造就人才，并非为该生等自便起见。乃近来风气日薄，多因小忿聚哄，挟制官长，更误会平权自由之说，一唱百和，此破坏学界之大病也。本部堂见善必劝，惩恶尤严。仰陆师学堂总办俞道，传谕申饬，仍迅速查明实情，并监院人等有无侮辱学生情事，分别据实详覆核办，毋稍循隐。诸生得批，益惊惧。适上海吴稚晖、蔡民友以电招之，林懿均、章士钊先往议，议江南陆师学堂退学诸生，同入爱国学社讲学。既定议，乃同往上海，其资给则编译新书以求售。爱国学社者，南洋公学退学诸生所立之共和学校也。吴稚晖、蔡民友者，教育会之会员也。[①]

对于学堂官吏粗暴对待学生，并激起学生退学之事，向与学生相得的总办俞明震总的来说还是偏向于缓和事态的。但是为了安慰留校之学生，他曾登堂演说，指斥退学诸生之负义。在东京出版的《江苏》杂志中有一首打油诗《总办来》，当是写俞明震当时对学生训话之情形和内容。

---

① 寄斋：《江南陆师学堂学生退学记》，《经济丛编》1903年第26期，第5—6页。

总办来,制奴隶,蝮虺伸头狗竖尾。蟠其腹,睅其目,大呼学生真可恶。官与汝食,官与汝衣,传汝衣钵,为奴隶基。出洋捷径觅优保,似我赫赫真威仪。我今长官尔学生,倡言平等真狂伧。尔书自由我专制,谁将虎须敢尝试。尔曹全班任退学,乃公私人好安插。国破家亡事等闲,黄金横斗头堪斫。汝曹善为计,母撄乃公忌。乃公服官数十年,心肺久等枯油煎。绿舆红顶囊万钱,趾高腹肥背耸天。妾妇十年一朝贵,怀中羹面今须卖。只惜文殊运告终,难得长留好时会。呜呼!总办来,猛如虎,夷奴一呼虎如鼠。会见汝肩挑粪土长安路。[①]

该文发表于东京,言词泼辣,放言无忌,当然也不免油滑,同时夹带着其时流行的"反满"气息。

经过调查,经总督同意,粗暴对待学生的学堂监督等人受到处分。"监督委札调去,并记过一次"。对于江南陆师学堂此次学潮,报刊上自然也有批判学生不反求诸己、滥用"自由"的论调。比如,人家就问,学堂官吏之果不称职,那么你莘莘学子"果皆已纯洁无可指瑕而为完人之资格乎?""吾见外国学堂之生徒,皆劬苦而限制之,使不得自便。西儒之言曰,不能爱[②]人检制,安能真得自由。彼固谓是国家之人材,非如是不足以磨砻而成就之也。夫人才之成就,其磨砻于形质者效小,而精神之效宏。然则当此学制未备,拂逆百端,吾益振奋淬厉,

---

① 侠迦:《总办来》(纪南洋陆师学堂事),《江苏》(东京)1904年第9、10期,第261页。
② 原文如此,此处"爱"字或为"受"字。

自进于学，以达吾之所自期，已非第形质之磨砻矣，而何独不逆拟一成才之境，以观其得失也？"①

江南陆师学堂学生风潮看似事出"偶然"，但却有其"必然性"。

1902年，南洋公学学生为了反抗学校的"奴隶教育"，纷纷宣布退学以示抗议，并在上海成立爱国学社，由蔡元培担任总理，吴敬恒为学监。当时各省地的学堂都是依样画葫芦，其管理制度也大同小异。南洋公学的学潮引发了东南各省学生的"学界风潮"，距离上海不远的南京各学堂也深受影响。"自往岁南洋公学退学事起，风潮所激荡，凡学校生徒皆思一逞以为快，语及服从义务，则攘臂啮齿而不甘，当道者固所思以靖之也。"②当时身在江南水师学堂的周作人等人就曾效法南洋公学之学潮而鼓动风潮。

> 当时讲维新，还只有看报，而那时最为流行的是《苏报》，《苏报》上最热闹的是学堂里的风潮，几乎是天天都有的。风潮中最有名的是"南洋公学"的学生退学，以后接续的各地都发生了，仿佛是不闹风潮，不闹到退学便不成其为学堂的样子，这是很有点可笑的，却也是实在的事情。这时候新总办到来，两堂的监督都已换了人，驾驶堂的姓詹，管轮堂的姓唐，椒生公则退回去单做国文教习，虽然没有新气象，却也并不怎么样坏。我们四个人——即

---

① 寄斋：《江南陆师学堂学生退学记》，《经济丛编》1903年第26期，第6页。
② 寄斋：《江南陆师学堂学生退学记》，《经济丛编》1903年第26期，第4页。

我和胡鼎，江际澄，李昭文的小组，可是觉得水师学堂是太寂寞了，想响应《苏报》，办法是报告内情，写信给报馆去。内容无非说学生的不满意，也顺便报告些学堂的情形，却是很幼稚的说法，如说管轮堂监督姓唐的绰号"糖菩萨"，驾驶堂的姓詹，绰号就叫"沾不得"，这些都没有什么恶意，其重要的大约还是说班级间的不平，这事深为老班学生所痛恨。这是四月中间的事，到了四月廿八日学堂遂迫令胡鼎退学，表面理由是因为他做"颍考叔茅焦论"，痛骂西太后，以大不敬，以禀制台相恫吓，未几胡君遂去水师，转到陆师去了。①

"仿佛是不闹风潮，不闹到退学便不成其为学堂的样子"，在这样的氛围中，"当道者固所思以靖之也"。一方蠢蠢欲动，一方虎视眈眈，这便是江南陆师学堂风潮发生之背景。

此后，学堂还是相对开化了些，甚至学生都可以创立自治规条。"总办某，虽负开化之名，具有专制之实。特犹知爱惜名誉，故冲突之事尚稀。七月间易以湘人某公，压力略弛，学生得以其间联络团体，创立自治规条。"②

次年，1904年，日俄战争迫近之际，学生对俄国侵我土地愤闷填膺，南京各学堂学生汇集北极阁会议，慷慨陈说，各校请增兵式体操，"陆师请改速成，期以三月成军，某公亦既首肯，讵学界蟊贼某某等呈言于江督曰，学生如此，是实行革命

---

① 周作人：《知堂回想录》上，止庵校订，北京十月文艺出版社2013年版，第143—144页。
② 《江宁陆师学堂之覆败》，《江苏》（东京）1904年第910期，第268页。

矣,不速创惩之,祸未有艾。于是倡议者名捕,某公亦撤差,另择老猾无耻之钱某总之,钱甫受事,即废速成之课,革自治之条,学生等亦群忍之"①。

这时,江南陆师学堂的学生与学堂又发生了冲突,这次学生相约"不退学"。

> 逾数日,学生柳、韩二君以功课事禀商。钱怒曰,我为总办,自有总办之权力,尔曹动违公令,可速退学,全班数十人,岂患无来者耶?我居官数十年,深知此时学堂非用重大压力不可。学生等见其声色俱厉,语无伦次,咸相视腭胎。有他顾而晒者,钱益怒。柳、韩二君遂被黜,继复出其种种专制手段,凌辱挫虐,殆甚舆台。揣其意盖以学生无奴隶根性,故必欲尽去之以为快。实则钱素憎于江督,欲藉是为迎合之具而已。学生习知其情,相约不得退学,横逆之来,直受不辞。钱计既穷,其情益愤,突于本月初五日,手书姓名十余,令监督传语,悉令退学,同日,普通学生,亦革退十二人。于是堂中之良亦垂尽矣。②

1907年,报刊称江南陆师学堂将改为"士官学校"。"该学堂教授战术学,及专门之陆军学术,以储为陆军将校,其学科略仿日本士官学校章程,分为步骑炮工辎五种,任人择习一科。"③

以上是材料所见江南陆师学堂之筹建、招生、考试、学潮

---

① 《江宁陆师学堂之覆败》,《江苏》(东京)1904年第910期,第268页。
② 《江宁陆师学堂之覆败》,《江苏》(东京)1904年第910期,第268页。
③ 《南京:改陆师学堂为士官学校》,《南洋兵事杂志》1907年第13期,第1页。

的大致情形。

要之，江南陆师学堂系 1896 年由张之洞奏请创设并于同年开办，该学堂仿照德国军制，以培植将才为目的。然在当时社会保守气氛下，报考该校的生源素质极差，招考中冒名枪替、滥竽充数而蒙混过关者，竟十有七八，以致首任总办钱德培不得不痛加澄汰。学堂对学生加以考核，甄别优绌，以定赏罚，学生学成毕业后，被分派各营任用。1903 年，在此前南洋公学反抗学校压迫集体退学的示范效应下，江南陆师学堂学生因偶发琐事，为反抗学堂的高压管理、野蛮手段，31 名学生集体退学，请愿总督，一时掀起学堂风潮。

《江南陆师学堂考》发表于上海鲁迅纪念馆编：《上海鲁迅研究》（总第 79 辑），上海社会科学院出版社 2018 年 10 月

1925年，北京

矿路学堂考

1898年9月，正值鲁迅为入学仅数月的江南水师学堂的"乌烟瘴气"倍感失望之际，江南陆师学堂附设的矿路学堂（即"矿务铁路学堂"）开设并招生。于是，鲁迅投考该学堂，并于光绪二十四年九月十二日（1898年10月26日）被录取。从此，他开始了在矿路学堂的三年学习生活，直到光绪二十七年十二月十八日（1902年1月27日）毕业，被公派选送赴日留学。

无论是此前在江南水师学堂，还是此后在仙台的医学专门学校，由于诸种原因，鲁迅都没能完整地完成自己的学业，然而，在江南陆师学堂附设的矿路学堂，他却是完整地、顺利地完成了三年的学习生活，并获得了两江总督刘坤一颁发的"执照"。后来，他在演讲时就这样说："诸君的所以来邀我，大约是因为我曾经做过几篇小说，是文学家，要从我这里听文学。其实我并不是的，并不懂什么。我首先正经学习的是开矿，叫我讲掘煤，也许比讲文学要好一些。"[1] 文学是他一生最大的成就，但开矿才是他本来的专业，而且是他"正经学习"过的，在他的求学生涯中，能"有始有终"地完成一个完整的学业，

---

[1] 鲁迅：《而已集·革命时代的文学》，《鲁迅全集》第3卷，人民文学出版社2005年版，第436页。

并不多见。准确地说,正是在这矿路学堂中,他接触到了诸多新鲜的西学知识,开拓了眼界。用他的话来说,"在这学堂里,我才知道世上还有所谓格致,算学,地理,历史,绘图和体操。生理学并不教,但我们却看到些木版的《全体新论》和《化学卫生论》之类了。"[①] 对鲁迅来说,江南陆师学堂附设的矿路学堂其实比江南水师学堂更为重要。

通过官方文献和当时的报刊报道等材料,我们可以约略了解该学堂开办的时代背景、现实需求、学习生活,以及鲁迅以优异成绩毕业后,赴日留学初期所做的与矿学专业相关的一些工作。

开矿富国,亟于储材

1881年,在中国驻德国使馆工作的钱德培就观察到西方世界机器的使用,使得资源过度开发,其发展难以为继,势必垂涎东方,中国当尽速办电报、铁路、开矿等,但同时提出注意不能耗尽资源,注重发展的"可持续性",唯有如此,将来方能在国际竞争中立于不败之地。"天生万物,虽有用之不竭、取之不尽之妙,然过于发泄,亦恐无以为继。盖化育之理,非可以年月待。西人竞尚机器,取之太速。造物者,不能催促其气候相随而成。所以欧西各处,矿产日绌,尝垂涎于东方。德国开风气较迟,故林木尚茂密,民风亦朴俭。我中国当此强邻四逼,必不能闭关独守。电报、铁路、开矿、制造,自不容缓。苟能

---

① 鲁迅:《呐喊·自序》,《鲁迅全集》第1卷,人民文学出版社2005年版,第438页。

次第举行，不让人先，仍使天生之物，不速竭其源，则人所无者，我独有，人所不足者，我有余，富强之势，莫可与京，行见统一地球，尽归藩服，亦事之所必有者也。"① 多年以后，他本人曾担任总办的江南陆师学堂开办了矿务铁路学堂。

矿路学堂附设于江南陆师学堂。江南陆师学堂系张之洞于光绪二十一年十二月十九日（1896年2月2日）奏请创设并于同年开办。该学堂仿照德国军制，以培植将才为目的。张之洞在提出筹设江南陆军学堂的同时，也奏请设立铁路学堂，并将之附入陆师学堂。他说：

> 又铁路一项，学有专门，与陆军尤相关系。外国铁路衙门略如中国六部，设有极品大臣专司其事，大小学堂林立。闻德国通铁路学术者至数万人之多，方敷全国铁路十万余里之用。盖研求利弊，考验物料，图绘器具，推算工程，监督行驶，稽察修理，随在与本利相关，亦随在与军国相关。中国方经营铁路，而人材缺乏，势必多用洋人，费且不赀，是非亟备人材不可。从前北洋亦经设有铁路学堂，其学业有成者业经臣调用数人，惜为数不多，殊不敷用。今拟另延洋教习三人，招习学生九十人，别为铁路专门，附入陆军学堂，以资通贯。约计常年经费亦须二万数千两。②

---

① （清）钱德培：《欧游随笔》，岳麓书社2016年版，第73页。
② （清）张之洞：《创设陆军学堂及铁路学堂折》（光绪二十一年十二月十九日），见赵德馨主编：《张之洞全集》第3卷，吴剑杰、周秀鸾等点校，武汉出版社2008年版，第325页。

张之洞所提与陆军尤为相关的铁路学堂，虽附在陆师学堂中，但规模并不算小，陆师学堂学生名额是 150 名（后来实际上招收学生名额是 120 名），铁路学堂名额是 90 名。可以看出，在张之洞的建议中，这附设的只是"铁路学堂"，与"开矿"并不相关。而鲁迅就读的是附设于江南陆师学堂之中的"矿路学堂"。

至于中国为什么要"开矿"，或者为什么要设立培养矿务人才的矿务学堂，其时人们已经将这其中的道理和逻辑说得非常清晰了。强兵必先富国，富国莫如开矿，开矿亟须人才。

> 今日当务之急，莫先于精练海军，而练军必需筹饷，筹饷必先理财，盖富国强兵两相表里，强则未有不富者。理财无他，首在得人而已，有土此有人，有人此有财[①]，有财此有用。圣经垂训至当不易之论也。财有出于地利者，有出于人力者，有出于民间输纳者，有出于邻国征收者，请得而分言之，而其利之最先者莫如开矿。[②]

"中国各省矿产之旺为五大洲冠。"[③] 当年德国地质地貌学家李希霍芬调查中国地质后，曾称中国为"世界第一石炭国"[④]。由于中国陆续创立了船政局、制造局、铁厂、军械厂等，势必需要煤铁等矿产，然而，拥有丰富的矿藏的中国由于不能自己开

---

① 《大学》原文云："有人此有土，有土此有财。"
② 《论理财宜先开矿》，《申报》1890 年 2 月 9 日，1 版。
③ 《论中国矿务宜及时兴办》，《申报》1890 年 5 月 21 日，1 版。
④ 鲁迅：《集外集拾遗补编·中国地质略论》，《鲁迅全集》第 8 卷，人民文学出版社 2005 年版，第 7 页。

矿，只得进口，不仅坐失利源，而且资本流失外域。"窃查光绪十五年一年内英吉利、奥斯的呀、日本三国之煤售至中国者共二十六万八千甓，价共二百余万元，而办用铁机枪炮之价数尚不止于此，嗟乎！银钱之流出域外者亦甚多矣！即以煤铁二项之价值而论，曷怪富强之遽难收效乎。"① 正所谓"抱着金饭碗，却要去讨饭"是也。

可是，开矿就要开矿的人才。中国暂无此等人才，可以从外国引进，可是，好的矿师虽重金亦招致不来，能招致而来的却多是诳利无能之辈。"盖矿师之应聘而来者，皆其国之无赖穷困无聊，特□中国以糊其口耳。而所谓名矿师者，虽诱以重利弗至也。""所招矿师并无真实本领，曾未试之于实事，徒以大言欺人，其来也必需索重币，又必以三年为期，多者岁俸万金，既至则令购机器若干，机器至后，布置需时，倘机器相有损坏，又必俟其修理，旷日费时，一事未成，而三年之期已届，待所开之矿一无所得而糜□已巨万矣。"② 到头来花了巨款，往往办不成一件实事。"外来的和尚好念经"，却不是"好和尚"，自然也"念不好经"，可是中国的和尚更是连经都不会念呢。

于是培育采矿专门人才的矿务学堂之开设就成为顺理成章的选择了。"将来中国必于通商各省建设矿务学堂，教以相度土脉，寻觅矿苗，以及化学镕炼各法，讲求既稔，能自得师，所有各矿必将次第开采。"③ 1888年，有论称中国广办矿务学堂，"欲为持久之道长远之计，非亟于储材不可，欲亟于储材，非设

---

① 《综纪中国去年购用洋煤价值之数》，《申报》1890年3月19日，1版。
② 《论理财宜先开矿》，《申报》1890年2月9日，1版。
③ 《论理财宜先开矿》，《申报》1890年2月9日，1版。

立学堂不可。……中国此时而欲开办诸矿,广求人才,则必当开设学堂以教矿务,庶几不数年间,中国可出无数矿师,不但无俟借材于异地,抑且可以开中国富庶之基,此举之不可缓也明矣"[①]。

直到甲午战败后不久,报上仍在谈找不到合适的外国矿师之烦恼,历数培养自己的开矿人才的好处。

> 历来所延矿师多借材于异地,必先隆其礼貌,优其廪禄,立合同三年,以为要约,至于所得之赟绌则与彼无预焉,赟则彼居其功,绌则彼不任其咎。一切置办机器,彼已先获其利,一旦事或无成,半途中撤,则彼反得逍遥于局外。或谓中国今日襄办矿务之人,其由聘请而来者,类皆阘茸之流,头等矿师未必肯至,故往往有此弊端。然则居今日而论,矿政所以为整顿之方,而握要以图者,实莫先于造就矿务人才。我中国人民心思材力,初不在西人下,特为上者,未尝鼓舞而振作之,斯在下者,无由闻风而兴起。诚能开设矿务学堂,延聘西人之精于矿务者为教习,详订规条,妥立课程,招集聪颖子弟,必畀以资斧使之游学泰西,则数年之后,继温君(按,文中所指粤东温君秉仁,曾远游欧西在伦敦矿艺大书院学习开矿之法,在该书院考试得列高等荣膺头等矿师之选)而成名者必不乏人。上以此求,下以此应,感发之机,捷于桴鼓,夫而后以中国之人开中国之矿,不至求材于域外,而以大权倒授于人,

---

① 《论中国兴办矿务学堂事》,《申报》1888年8月8日,1版。

一利也；声气相通，语言相同，指挥如意，操纵从心，二利也；薪水既可稍视洋人为廉，而又无虑其居奇婪索，三利也；矿学既明，凡滇、黔、秦、蜀等省，其矿苗旺富之处，皆可售股开采，官创商继，相与辅相而成，然后商务盛而可以挽已去之利权，获将来之利益，四利也；百姓既足，君无不足，由富而强，国家于以收无穷之效，五利也；然则造就矿务人才，以振兴矿政，谓非今日之要务哉？[①]

这便是中国亟须开设矿务学堂以培养自己的开矿人才的原因所在。

发现矿藏，因矿设学

关于江南陆师学堂附设的矿路学堂，鲁迅曾云："这学堂的设立，原是因为两江总督（大约是刘坤一罢）听到青龙山的煤矿出息好，所以开手的。"[②] 确实如此。

1895年，御史陈其璋奏称镇江之东南山，有煤、铁、五金可采。光绪着刘坤一勘察，于是，刘就派员勘察了该处矿产分布情形，要开矿就要有冶炼矿产的煤，就得就近挖煤，于是，又勘察了煤层分布情况。光绪二十二年九月初十日（1896年10月26日），刘将勘察的情形上奏朝廷，最后刘建议用官商合办的方法开发这些矿产，优质煤矿由官方开采，其他矿产由商办

[①] 《广育矿务人才论》，《申报》1894年5月21日，1版。
[②] 鲁迅：《朝花夕拾·琐记》，《鲁迅全集》第2卷，人民文学出版社2005年版，第306页。

官督。

原折如下:

奏为筹办江宁等处矿务,谨将大略情形,恭折具陈,仰祈圣鉴事:

窃查光绪二十二年二月初九日,钦奉谕旨:"据御史陈其璋奏,镇江之东南山,煤、铁、五金皆有可采,着派熟悉矿务办事实心之员,按照所指地名,认真履勘,拟定办法具奏。"等因,钦此。

臣等伏查目下时局日艰,财用日匮,非广兴矿产不足以资利用。年来风气渐开,虽商民亦知开矿之利,特以办理未能得法,以致有名无实。现拟开矿,必须先行由官勘验确实,然后再分官商办法,步步从实,庶免复蹈前辙。当经臣等分委江宁盐巡道胡家桢、常镇通海道吕海寰招延矿师,各就辖境,分投履勘。又以沿江一带,前因群情疑阻,曾禁开挖;复将办法示谕居民,俾知此事实为利国便民之举。

嗣据吕海寰勘得镇江丹徒县属西面曹王山中段上名中德古有石如铅,似炭质与铁所成,镕去灰质而见铁渣,其质似佳。又离江十余里,山名西德古,有千层纸石,其色黄,土民误以为金;并有铁石露出。又毗连曹王山之光头山,有吸铁石露出,约含铁六、七分,可炼精铁,试挖察看,似产铁较厚。惟须附近觅有碳煤,方便镕化。现在委勘,尚未觅到煤矿。

又据胡家桢勘得句容县属之龙潭,上元县属之栖霞山、林山、祠山、胡山、圆山、青龙山、马扒井、石澜山等处，均有煤苗。当饬设局派员雇夫，分别试挖，虽煤层厚薄不等，煤质优劣互异，然均系可采之矿。惟龙潭一处，试开两井，煤层忽有忽无，断续无定，尚须另行探验。

现就各矿，酌定官商办法。查青龙、石澜两山，验系烟煤，煤质有油，火力亦足，堪供轮船机器厂之用。南洋厂船用煤多资洋产，该两处现定酌拨经费，由官开采，将来煤层果能宽厚，即可供厂船之用。其余各矿，或产柴煤，或系铁煤，种类不一，定为商办。现已由绅民分请承领，饬命验资接办，仍由官局随时稽察。将来各矿出煤，应完税厘，按照利国、贵池各矿定章，分别征收。据各该道等将筹办情形，详请核奏前来。

查煤矿之利，虽不若金、银诸矿之优，近来商务盛兴，机厂林立，需煤至巨，苟能广为开采，亦属收回权利要图。惟南方地势低洼，土脉薄弱，滨江之处，开采尤易见水。现饬酌购应用机具，妥定章程，实力筹办。俟有头绪，再赴各属次第履勘，如有可开之矿，仍当接续酌办。铁矿需费较巨，且必就地产有合用之煤，方便取以镕炼；仍饬俟觅有煤矿，即行镕化试验；分别禀办。

除咨部查照外，谨合词恭招具陈，伏乞皇上圣鉴。谨奏。[1]

---

[1] （清）刘坤一：《筹办江宁矿务折》（光绪二十二年九月初十日），见中国科学院历史研究所第三所主编：《刘坤一遗集》第2册，中华书局1959年版，第947—948页。

"开矿不难,难在察矿"[1]。1897年,矿师法人白郎特受聘前来勘察,勘得青龙山之煤藏"尤丰"。

> 金陵访事人云,朝阳门外之祠山、湖山、青龙山望气者,谓矿苗甚旺,惟质之厚薄、苗之深浅,非素精矿学者不能洞悉。现因各省所开之矿半多不实,正坐考究未精,是以督宪特委火药局总办蔡观察世保、盐巡道胡观察家桢、各挈熟悉矿务者数人,详加勘视,据实禀知。爰于今岁鸠工开凿。日前闻有矿师法人白郎特君,由欧洲来华,盖为蔡观察所延请也。三月二十三日,白君偕同翻译张君抵埠,乘舆至观察处拜谒,是日观察适赴汉口公干,故由其大公子设筵款接。公子虑主宾酬答言语不通,遂请在贡院东首教习法文之某君陪宴,席上倾谈颇称欢洽,直至更阑始散。翌日,由火药局文案蒋君偕白君乘四人肩舆,并有局勇数名,同赴山中勘视,据云祠山及湖山之矿深十五丈有奇,青龙山约二十丈,旋换矿衣入矿探验,据言所产之煤倍于他省,而青龙山为尤丰。察验既毕,仍偕蒋君乘四人肩舆回火药局,小憩片刻而散。白君精于卝人之事,为各省开采煤矿,百不爽一,此次既称丰旺,则将来自必出产无穷也。[2]

开平矿师米海利亦受聘察矿。不过,鉴于"商民狃于近功,有矿即挖,浅尝辄止,徒耗凿空之费"。他建议刘坤一,毋狃于

---

[1] 《矿师莅止》,《申报》1897年5月2日,1版。
[2] 《矿师莅止》,《申报》1897年5月2日,1版。

近功，毋求以速效，"必先讲究察矿之法，待各矿察验明白，然后一举而百废兴，势如破竹，迎刃而解矣"。①

开矿正是设置矿路学堂的目的。辛丑年九月二十七日至十月初九日（1901年11月7日至19日）②，鲁迅在矿路学堂毕业的前夕，就曾到刘坤一奏折中所提的出产优质煤矿的上元的青龙山煤矿考察实习过。他看到的情形是这样的：

> 待到开学时，煤矿那面却已将原先的技师辞退，换了一个不甚了然的人了。理由是：一、先前的技师薪水太贵；二、他们觉得开煤矿并不难。于是不到一年，就连煤在那里也不甚了然起来，终于是所得的煤，只能供烧那两架抽水机之用，就是抽了水掘煤，掘出煤来抽水，结一笔出入两清的账。既然开矿无利，矿路学堂自然也就无须乎开了，但是不知怎的，却又并不裁撤。到第三年我们下矿洞去看的时候，情形实在颇凄凉，抽水机当然还在转动，矿洞里积水却有半尺深，上面也点滴而下，几个矿工便在这里面鬼一般工作着。③

鲁迅看到的"矿洞里积水却有半尺深，上面也点滴而下"的情形，正是刘坤一奏折所提的"南方地势低洼，土脉薄弱，滨江之处，开采尤易见水"原因所致。煤矿方因薪水太贵，而

---

① 《米矿师上刘岘帅书》，《申报》1897年10月7日，2版。
② 周作人：《鲁迅小说里的人物》，止庵校订，北京十月文艺出版社2013年版，第279页。
③ 鲁迅：《朝花夕拾·琐记》，《鲁迅全集》第2卷，人民文学出版社2005年版，第306—307页。

辞退技师，辞退技师后，"连煤在那里也不甚了然起来"，这样的事情是鲁迅入学后的官办煤矿上发生的事。

我们从1897年3月13日《申报》上的一则《改聘矿师》的消息中可知，这种事情同样发生在商办煤矿。

> 金陵访事友人来函云，江宁府属矿务由官办者，系正任巡道胡芸台观察为总办，此外另有商办矿务如钟山等处，则由本地绅董余、张二君禀明各大宪领山开采。自去岁以来，招商集股，凑成巨款，延聘矿师某君督同工役千余人，就本山近处，缒幽凿险，畚揭兼施。所获矿产，以煤油为大宗，铁硫杂质亦属不少，现闻绅董等因该矿师未能一一明晰，故改聘基督医院化学教习曹君为矿师，未知其果能无忝斯任否也。①

矿的确有的，但因缺乏专业技术人员，往往无法措手。基于此，"因事制宜"，设立矿务学堂就提上了议事日程。

光绪二十四年（1898），就在鲁迅对江南水师学堂大感失望之时，六月，光绪发出上谕如下：

> 中国创建水师，历有年所。惟是制胜之道，首在得人。欲求堪任将领之才，必以学堂为根本。应如何增设学额，添制练船，讲求驾驶，谙习风涛，以备异日增购战船，可期统带得力，着南北洋大臣、沿江沿海各将军督抚一体

---

① 《改聘矿师》，《申报》1897年3月13日，1版。

实力筹办，妥议具奏。至铁路矿务，为目今切要之图。造端伊始，亟应设立学堂，预储人才，方可冀收实效，所有各处铁路扼要之区及开矿省分应行增设学堂切实举办之处，着王文韶、张荫枢悉心筹议，奏明办理。①

此系各地矿路学堂之设的"最高指示"。

同年，江南陆师学堂附设的"矿务学堂"开始招生。《集成报》刊载有矿务学堂即将开建并招生的消息。

> 近年中国风气大开，凡西法之有益于中土者，莫不次第举行。又以开采矿产为拯救时艰之急务，南洋大臣特委江南盐巡道胡云台观察，为督办矿务之专官，屡经督同地方绅董，在省垣龙潭栖霞石烂山双石岭等处，察有煤铁等矿，先后兴工开采，虽小有所获，要皆得不偿失，亏折不资。观察因思开矿未能获利，皆缘无精于矿学之人。拟仿照储材水师、陆师、电报、铁路各学堂之例，创设矿务学堂，招选年在三十以内，十五以外之生童，聘请泰西著名矿师为之教授，专课以矿学各书，以冀徐收实效。近已妥议章程，详明上宪，在水、陆两师学堂之间，卜定基址，择吉兴工，即拟延聘矿师示招学生矣。似此实力讲求，其成效当必大也。②

---

① 朱寿朋编：《光绪朝东华录》第四卷，张静庐等校点，中华书局1958年版，第4157—4158页。

② 朱有瓛主编：《中国近代学制史料》，华东师范大学出版社1983年版，第495页。

注意，这里所提到的是"矿务学堂"。前面张之洞所提开设"铁路学堂"时，他称"铁路一项，学有专门，与陆军尤相关系"。其实，开矿与铁路亦相关，因为开矿还要解决"运输"问题。"所开煤矿必须近水，为轮船所直达，方易转运，否则濒河舟楫可通亦无不可，由出煤之处以至近□亦须铁路以速其行，如此人工既省，价值亦贬。"① 这恐怕也是开矿与铁路揉成一体、一并设置的原因所在。

风气开通，教授西学

1898年，对江南水师学堂不满的鲁迅投考此一新设学堂，学堂的总办即陆师学堂总办钱德培。鲁迅在矿路学堂的同学、后来教育部的同事张协和回忆称："入学考试分初试及复试两场，都只是作文章，初试的题目我已忘却，复试的题目是《不以规矩不能成方圆论》。"② 10月15日，"总办陆师学堂钱观察，传授各考生到堂前面试"。10月26日发榜，"计正取二十名，副取十五名，俟西国技师到宁，即开堂授课"。③ 这中间就有鲁迅。1899年2月，新录取的学生入学开课。但是到了第二年，就听说该学堂要被裁撤，这让"鲁迅们"颇为不安。鲁迅曾云："但我们也曾经有过一个很不平安的时期。那是第二年，听说学

---

① 《论理财宜先开矿》，《申报》1890年2月9日，1版。
② 张协和：《忆鲁迅在南京矿路学堂》，见鲁迅博物馆等编：《鲁迅回忆录》散篇上，北京出版社1997年版，第37页。
③ 《路矿总局开学》，《中外日报》光绪二十四年九月十四日（1898年10月28日），见薛绥之主编：《鲁迅生平史料汇编》第1辑，天津人民出版社1981年版，第443—444页。

校就要裁撤了"①,但终究没有裁撤。

由于鲁迅在江南水师学堂待的时间太短,不足半年时间,可以说,鲁迅接触和吸收西学知识主要是在矿路学堂的三年学习时间中。"鲁迅在南京这四年的修业,对于他的影响的确不算小。关于文史方面的学问,这一部分的底子他是在家里的时代所打下的,但是一般的科学知识,则是完全从功课上学习了来。"②

在陆师学堂接触到的自然科学(格致、地学、金石学……)对鲁迅来说,"都非常新鲜"③。鲁迅本人并没有过多地提及在学校的学习,他的同学张协和回忆了他们在矿路学堂的学习生活和鲁迅的成绩。

> 矿路学堂顾名思义,应该是学有关矿物的学问了,的确在校三年中也学了这方面的课程,例如矿物学、地质学、化学、熔炼学、格致学(即现在的物理)、测算学(即现在的算术、几何、代数、三角等)及绘图学。但当时读的都是纸上谈兵,并且在讲堂上抄讲义,每天仅上、下午各上两堂课(每课约一小时余),讲解是很少的,只是抄书而已。而鲁迅在下课后从不复习课业,终日阅读小说(笔记小说、《西厢记》等),过目不忘,对《红楼梦》几能背诵。由于他的聪慧过人,所以在考试时,总是他第一个交卷出

---

① 鲁迅:《朝花夕拾·琐记》,《鲁迅全集》第2卷,人民文学出版社2005年版,第306页。

② 周作人:《鲁迅的青年时代》,止庵校订,北京十月文艺出版社2013年版,第109页。

③ 鲁迅:《朝花夕拾·琐记》,《鲁迅全集》第2卷,人民文学出版社2005年版,第305页。

场，而考的成绩又是名列前茅。当时学堂规定每星期只作文一次，凡获得第一名者赏三等银牌一个；每月月考一次，名列第一名者，亦赏三等银牌一个。四个三等银牌换一个二等银牌，四个二等银牌换一个三等金牌。同学中独有鲁迅换得金牌，这可见鲁迅获得银牌之多和成绩之优良了。[①]

从这也可以看出，身为"理工男"的鲁迅仍改不了他爱好文学的兴趣和阅读小说的嗜好，而这为他以后成为小说家和小说研究者打下了一定的基础。

与相对保守的水师学堂相比，矿路学堂的风气相对开通。后来学校的总办俞明震亦是开明之人。"总办俞明震乙未之夏，以署台湾藩司内渡，候补于江南，尝以新学名于时，即总办江南陆师学堂，与学生甚相得也，新书新报，购阅无禁，故总督刘忠诚公，尝以事欲易置总办，学生联名上书以留之。"[②]可见其颇受学生欢迎。鲁迅回忆称："第二年的总办是一个新党，他坐在马车上的时候大抵看着《时务报》，考汉文也自己出题目，和教员出的很不同。有一次是《华盛顿论》，汉文教员反而惴惴地来问我们道：'华盛顿是什么东西呀？'……"[③]的确，陆师学堂与水师学堂不可同日而语。

[①] 张协和：《忆鲁迅在南京矿路学堂》，见鲁迅博物馆等编：《鲁迅回忆录》散篇上，北京出版社1997年版，第37页。

[②] 寄斋：《江南陆师学堂学生退学记》，《经济丛编》1903年第26期，第4页。

[③] 鲁迅：《朝花夕拾·琐记》，《鲁迅全集》第2卷，人民文学出版社2005年版，第305页。

看新书的风气便流行起来，我也知道了中国有一部书叫《天演论》。星期日跑到城南去买了来，白纸石印的一厚本，价五百文正。翻开一看，是写得很好的字，开首便道：

"赫胥黎独处一室之中，在英伦之南，背山而面野，槛外诸境，历历如在机下。乃悬想二千年前，当罗马大将恺彻未到时，此间有何景物？计惟有天造草昧……"

哦，原来世界上竟还有一个赫胥黎坐在书房里那么想，而且想得那么新鲜？一口气读下去，"物竞""天择"也出来了，苏格拉第、柏拉图也出来了，斯多噶也出来了。学堂里又设立了一个阅报处，《时务报》不待言，还有《译学汇编》（按，实为《译书汇编》)，那书面上的张廉卿一流的四个字，就蓝得很可爱。[1]

在陆师学堂，他接触到了很多对他来说闻所未闻的西方的自然科学和社会科学。

从1898年10月被录入矿路学堂，到1901年12月以一等第三名的优异成绩毕业，按照学堂规定，一等毕业生是由督宪发给"执照"，二、三等毕业生是由学堂发给"考单"，鲁迅荣获当时的两江总督刘坤一颁发的"执照"，随后被选派赴日本留学。

就在其毕业前夕，1901年10月，报上有人发表议论称，朝廷应不惜费用，选派学生到欧西的专门学堂学习矿务，而不是为了图省钱去到作为西学"二传手"的日本学习。

---

[1] 鲁迅：《朝花夕拾·琐记》，《鲁迅全集》第2卷，人民文学出版社2005年版，第306页。

今日惟欲得精于矿学之人，非选聪颖子弟入专门学堂肄业不可。中国向无专精此道之人，非使赴外洋肄业不可。现朝廷既诏令各疆吏挑选子弟拨送日本各学堂肄业，惟并未指明肄习何项，想新法应需之学无一可少，须到彼后，俟学堂中因材施教耳。蒙意矿学在各项学问之中尤为紧要，宜挑选聪颖子弟拨往肄业，并以拨往欧西为尤妙。日本虽海程较近，经费较省，而其法究出自欧西，所谓取法乎上，仅得乎中，倘竟取法乎中，不将得其下驷乎？若虑经费浩大，则祗习矿学一门，所费究为有限，将来学成回华所收利益何止倍蓰，且少则五年，多则十年，其收效并不至迂且久也。若高谈矿务而不能求其本原则，将来利必为西人尽得，不亦大可惜哉？[①]

议论归议论，鲁迅等人还是被选派前往日本留学。鲁迅于光绪二十八年正月十三日（1902年2月20日）回绍辞行，二月初八日（3月17日）返回南京。

二月二十五日（1902年3月24日），当时的总办俞恪士（明震）亲自将江南陆师学堂22名毕业生和矿务学堂6名毕业生（徐广铸、顾琅、周树人、张邦华、刘乃弼和伍崇学）一并送往日本留学去了。据张邦华的说法，矿务学堂去的人有六个，据鲁迅的说法，共有五个人，而且"其中的一个因为祖母哭得死去活来的，不去了，只剩了四个"[②]。

---

① 《欲兴矿务宜选子弟赴欧西矿务学堂肄习论》，《申报》1901年10月15日，1版。
② 鲁迅：《朝花夕拾·琐记》，《鲁迅全集》第2卷，人民文学出版社2005年版，第307页。

当年的《申报》上还刊载了俞明震亲送这批学生赴日留学的消息：

> 金陵访事友人云，江南陆师学堂总办俞恪士观察前奉两江督宪刘岘庄官太保饬，赴日本查考各学校章程，并带领格致陆师水师各学堂毕业生前往肄业。洎抵日即诣中国节辕，谒见蔡和甫星使，旋由星使咨请日本文部省调取各学校课程详细抄录，一面亲送诸生赴塾中肄习专门之学，然后航海回华，本月初六日已行抵白门，趋诣督辕禀覆矣。①

随从俞明震赴日留学的这一干学生中，就包括有周树人同学。关于俞明震携周树人等赴日之行，1903年6月3日的《苏报》上有这么一条有趣的消息，对俞氏在南京掌学时之品性大加挞伐：

> 去岁俞明震赴东，亦欲携妾，为人劝阻，乃送其妾于苏州。此另有情节，明震在南京以钓鱼巷为窟穴。此等獭淫狗贱之徒，指不胜屈，而居然握全国教育最高之权，而欲教育之不坠地、学生之养有完全人格，其可得哉？记者书至此，直欲与学界主动者作百日哭何如？②

江南陆师学堂附设的矿路学堂是一个短命的学堂，1898年

---

① 《观察回华》，《申报》1902年5月25日，2版。
② 李敖：《砸掉那铜像！》，《李敖大全集》卷25，中国友谊出版公司2010年版，第98页。

开办，鲁迅是第一届，也是最后一届学生，1902年该学堂停办。"这个学堂仅空前绝后的招了一次生，共收了二十四名学生，到毕业时已不满这个数目了。"①

发现秘本，编纂矿志

在矿路学堂完成学业的鲁迅来到日本后，先是在弘文学校学习语言，随后又决定到仙台学医，学医时又因受到了"幻灯片事件"的刺激，遂放弃学医，决定从事文学运动，以唤起国民之精神。其实在日本时期，他仍继续做与他所学过的采矿专业相关的事，那就是与其同学顾琅合作编撰了《中国矿产志》，这本书曾产生了全国性的影响。这一点，我们常常会忽略。

1902年3月24日，鲁迅从宁启程赴日时，随身带了三种书，分别是：《科学丛书》第一集十本、《日本新政考》两本、《和文汉读法》一本。②可见其初志还是矿学本业，亦当如此。鲁迅在日本留学期间发表过数篇论文。③这其中，他发表在1903年10月的《浙江潮》第八期上，以"自树"为笔名写的《说鈤》和以"索子"为笔名写的《中国地质略论》（随后扩展为《中国矿产志》一书）两篇文章，均与其所修矿学专业相关。他对这些问题的关注和钻研，自然与他刚从矿路学堂毕业相关。

---

① 张协和：《忆鲁迅在南京矿路学堂》，见鲁迅博物馆等编：《鲁迅回忆录》散篇上，北京出版社1997年版，第37页。
② 周作人：《周作人日记》，大象出版社1996年版，第319—320页。
③ 1907年到1908年发表的《人之历史》《科学史教篇》《文化偏至论》《摩罗诗力说》《破恶声论》等文章，多与文艺、思想相关。有的虽涉及科学，但其用意多不在就科学论科学。

"鈤"即今天所说的放射性元素镭。镭是居里夫人与她的丈夫皮埃尔·居里于1898年发现的,这一"不可思议之原质,自发光热,煌煌焉出现于世界,辉新世纪之曙光,破旧学者之迷梦。若能力保存说,若原子说,若物质不灭说,皆蒙极酷之袭击,跄跟倾欹,不可终日。由是而思想界大革命之风潮,得日益磅薄,未可知也!"① 镭的发现在当时震惊了整个物理学界,鲁迅对居里夫人("古篱夫人")对放射性元素镭的发现、提炼,镭的验证、放射性、衰变、次级射线、导电性、速度等特性有所介绍。他追踪和介绍了其时镭的最新研究信息。② 鲁迅之所以对此敏感,恐怕正与其刚刚学过矿学相关,当然,他更看到了由此而产生的"电子说"致使"关于物质之观念,倏一震动,生大变象"③。

与此同时,鲁迅发表的另一篇论文为《中国地质略论》。一方面,写作此文自然与其所学专业相关;另一方面,更是出于外人对中国矿产的染指和觊觎而产生的"忧惧"之心。

就远的来说,此前各国探险家、地质学家先后来中国做地质调查,他们如果是纯粹地"为了学术而学术"倒也罢了,问题在于,这些地质学家的调查或多或少都别有用心。其中著名者有德国地质地貌学家李希霍芬(F. von Richthofen,1833—

---

① 鲁迅:《集外集·说鈤》,《鲁迅全集》第7卷,人民文学出版社2005年版,第21页。

② 如文中有云:"此最纯品,即鈤绿二也。昨年古篱夫人化分其绿,令成银绿二,计其量,然后算得鈤之分剂为二百二十五。"(鲁迅:《集外集·说鈤》,《鲁迅全集》第7卷,人民文学出版社2005年版,第23页。)

③ 鲁迅:《集外集·说鈤》,《鲁迅全集》第7卷,人民文学出版社2005年版,第26页。

1905，鲁迅译为"利忒何芬""聂诃芬"），今天我们耳熟能详的"丝绸之路"即他所提出。

李希霍芬曾于1868年至1872年，七次旅行中国，调查地质地貌。"历时三年，其旅行线强于二万里，作报告书三册（按，即其《中国——亲身经历及其研究报告》），于是世界第一石炭国之名，乃大噪于世界。其意曰：支那大陆均蓄石炭，而山西尤盛；然矿业盛衰，首关输运，惟扼胶州，则足制山西之矿业，故分割支那，以先得胶州为第一着。"①李希霍芬固然在做学术考察，但他之考察却是着眼于如何在列强分割中国的大潮中使其母国获得更大利益。后来，德国果然强据中国胶州！

在其出版的中国旅行日记中，他又提出扼住舟山群岛以控制中国北方与日本之间的交通要道。他说："如果有哪个政权，比如说普鲁士想占领一座自由港的话，舟山群岛是个不错的选择。港口很容易就能被封锁，只需一支舰队就能控制中国北方和日本之间的交通要道。作为贸易地，舟山群岛也具备很高的价值，如果宁波和上海都丧失了重要性的话，把产业放在这里会更安全些。"②

在日本的青年鲁迅悲叹道："呜呼，今竟何如？毋曰一文弱之地质家，而眼光足迹间，实涵有无量刚劲善战之军队。盖自利氏游历以来，胶州早非我有矣。今也森林民族，复往来山西间，是皆利忒何芬之化身，而中国大陆沦陷之天使也，吾同胞其奈

---

① 鲁迅：《集外集拾遗补编·中国地质略论》，《鲁迅全集》第8卷，人民文学出版社2005年版，第7页。

② 〔德〕费迪南德·冯·李希霍芬：《李希霍芬中国旅行日记》上，李岩、王彦会译，商务印书馆2016年版，第37页。

何。"他大声疾呼："中国者，中国人之中国。可容外族之研究，不容外族之探捡；可容外族之赞叹，不容外族之觊觎者也。"[1] 继李氏外，匈牙利、俄国、法国、日本各国"学者"联翩而来，调查中国，这些"学者"的调查不能不引起"鲁迅们"的焦虑。

就近的来说，当时发生了两件国内奸商"引盗入室"，将矿产售与外人开采的事。

一是梁显诚将矿产卖与俄国。"今者俄复索我金州复州海龙盖平诸矿地矣。初有清商某以自行采掘请，奉天将军诺之，既而闻其阴市于俄也，欲毁其约，俄人剧怒，大肆要求。"[2] 一九〇三年十月一日日本大阪《朝日新闻》云："九月三十日天津特电：奉天将军（增祺）以金州厅、复州、盖平、海龙厅等矿山许请清商（梁显诚）出资开采，该清商联络俄国人，自俄国人出资，其权利尽落俄国人之手，故奉天将军近令禁止，俄国领事盛气诘问，奉天将军乃电请外务部，乞与俄国公使开议，以保护矿山权云。"[3]

一是高尔伊将矿产卖与意大利。"浙绅某者，窃某商之故智，而实为外人伥，约将定矣。"[4] 一九〇三年，浙绅高尔伊"借开设宝昌公司承办浙东衢、严、温、处四府矿产之名，暗中以

---

[1] 鲁迅：《集外集拾遗补编·中国地质略论》，《鲁迅全集》第8卷，人民文学出版社2005年版，第6—7页。注意，此类愤激之言在其后来的《中国矿产志》一书中概行删去，也许是因为前者是文章，后者为学术著作。

[2] 鲁迅：《集外集拾遗补编·中国地质略论》，《鲁迅全集》第8卷，人民文学出版社2005年版，第18—19页。

[3] 鲁迅：《集外集拾遗补编·中国地质略论》，《鲁迅全集》第8卷，人民文学出版社2005年版，第24页。

[4] 鲁迅：《集外集拾遗补编·中国地质略论》，《鲁迅全集》第8卷，人民文学出版社2005年版，第19页。

二百五十万两银价将四府矿产全部出卖给意大利惠工公司。同年10月3日，浙江留日学生曾在东京上野三宜亭集会抗议，并发布公开信声讨高尔伊的卖国行径"①。

让留日学生愤恨、抗议的类似的事情后来也有。1906年，山西留日学生李培仁因外人索办平定州矿事，愤激投海而死。其遗书大旨云："前抚胡聘之卖国，晋人绝无团体，今日发电，明日上禀，但空言抵制而无切实办法，故拼一死以为留东学生之策励。"② 鲁迅作地质论、矿产志也是捍卫矿权的一种方式。

写完《中国地质略论》后，鲁迅与同学顾琅（原名芮体乾）于1903年到1905年间，合著《中国矿产志》，③ 此书于1906年7月正式出版。该书精神和内容与《中国地质略论》一脉相承。系顾、周二人依据在日本看到和发现的外国人对中国矿产勘探调查材料编纂而成，看到这些材料，他们为之心惊，为之着急，于是作是书将中国之家藏告知国人，引起国人对自家矿藏之注意，以杜外人之觊觎。

书成后，顾琅、鲁迅请旅日的马相伯为该书作序，马氏在序中说到这两个青年著述之用心。"顾周两君，学矿多年，颇有心得，慨祖国地大物博之无稽，爰著《中国矿产志》一册，罗

---

① 鲁迅：《集外集拾遗补编·中国地质略论》，《鲁迅全集》第8卷，人民文学出版社2005年版，第24页。

② 程淯：《丙午日本游记》，岳麓书社2016年版，第43—44页。

③ 唐弢曾说鲁迅与顾琅合署的《中国矿产志》与在《浙江潮》上发表的鲁迅单独署名的《中国地质略论》"内容和文笔完全相同"，由此可证《中国矿产志》"确是鲁迅先生一人的作品"。据当年与鲁迅同室的沈瓞民回忆称，他曾目睹鲁迅与顾琅合作了《中国矿产志》，而《中国地质略论》单独署名鲁迅一人，"这是当时的风尚，署不署名，本无所谓"。（沈瓞民：《回忆鲁迅早年在弘文学院的片断》，见鲁迅博物馆等编：《鲁迅回忆录》散篇上，北京出版社1997年版，第47页。）

列全国矿产之所在，注之以图，陈之以说，使我国民深悉国产之所自有，以为后日开采之计、致富之源、强国之本，不致家藏货实为他人所攘夺，用心至深，积虑至切，决非旦夕之功所能致。"① 而其时中国，"言矿者，则迄今无一善本"，因此此书虽系编纂之作，"实吾国矿学界空前之作"②。这本书不光在学术上有开创意义，在现实上亦有警世意义，没有专业的学术训练，做不出这样的书，没有拳拳爱国之心，亦做不出这样的书。

正因为此，此书被农工商部"通饬各省矿务议员、商务议员，暨各商会酌量购阅"③，被学部批作"中学堂参考书"。我们在1907年到1911年《申报》的学部新编印行学堂应用各种教科书的广告中，时时能看到鲁迅与顾琅的这部《中国矿产志》。鲁迅与顾琅合作的这本书可谓是鲁迅第一本具有全国性影响的著作。与之相比，其后矢志文学的鲁迅与其弟周作人在日本翻译的《域外小说集》，却几乎没有产生什么反响。

为做此书，鲁迅与顾琅"特蒐集东西秘本数十余种，又旁参以各省通志所载，撮精删芜，汇为是编"④。在这些秘本材料

---

① 马良：《中国矿产志·序》，见唐弢编：《鲁迅全集补遗续编》下，上海出版公司1952年版，第466页。

② 《〈中国矿产志〉广告》，见唐弢编：《鲁迅全集补遗续编》上，上海出版公司1952年版，第446页。

③ 《农工商部批》（光绪三十二年十月初一日），《中国矿产志》增订再版本卷首。顾琅、周树人：《中国矿产志》，（东京）并木活版所印刷1907年1月14日（光绪三十二年十二月初一日）。

④ 《〈中国矿产志〉广告》，见唐弢编：《鲁迅全集补遗续编》上，上海出版公司1952年版，第446页。另一处图书广告中云："爱搜辑东西秘本数十种，采取名师讲义若干帙，撮精删芜，已成是书。"鲁迅：《集外集拾遗补编·〈中国矿产志〉征求资料广告》，《鲁迅全集》第8卷，人民文学出版社2005年版，第453页。一处说是"旁参以各省通志所载"，一处说是"采取名师讲义若干帙"。

中，最为宝贵的就是日本农商务省地质矿山调查局的《中国矿产全图》。日人一面参考西人的调查，一面派人亲自调查，方才绘成此图，"彼邦视此图若枕中鸿宝，藏之内府，不许出版"。而这幅全面调查并标明中国矿产的地图，是"留心矿学有年"的顾、周二人"忽于教师理学博士神保氏处得见此本，特急转借摹绘。放大十二倍"，以贡献国人。① 从中可见日本对中国的调查和了解，实甚于中国对自己的了解，从中也可见日人对中国素来就怀有的不轨之心。

《中国矿产志》的写作基本依据"东西秘本数十种"，或者还有广告所说的"旁参以各省通志所载"，或者还有广告所说的"采取名师讲义若干帙"。显然，光有这些二手资料是不够的。就学术而论，撷拾这些"二手资料"的问题有二：一是不全面。"中国矿产，因幅员广大，检索未详，故下举诸矿地，皆仅就已知者志之，非谓已尽于此也。"二是没能检验这些材料是否正确。"然亦多拾外人之言，正确与否，纂者亦难自决，第近臆说者，则固已节去之矣。"② 看来，顾、周二君当然知道拾取二手材料之不足。为获得更详细、更全面的资料，他们随书发出"征求资料广告"，向国人征求各地矿产的分布信息。

> 惟望披阅是书者，念吾国宝藏之将亡，怜仆等才力之不逮，一为援手而佽助焉。凡有知某省某地之矿产所在者，

---

① 《〈中国矿产全图〉广告》，见唐弢编：《鲁迅全集补遗续编》上，上海出版公司1952年版，第444页。

② 《中国矿产志·例言》，见唐弢编：《鲁迅全集补遗续编》上，上海出版公司1952年版，第469页。

或以报告，或以函牍，惠示仆等，赞成斯举，则不第仆等之私幸，亦吾国之大幸也。其已经开采者，务详记其现用资本若干，现容矿夫若干，每日平均产额若干，销路之旺否，出路之便否，一以供吾国民前鉴之资，一以为吾国民后日开拓之助。其未经开采者，现有外人垂涎与否，产状若何？各就乡土所知，详实记录。①

其实类似鲁迅所做的记录并调查中国矿产分布的事，1899年的清政府就曾做过。其时出使美日秘国大臣伍廷芳奏称："中国地大物博，各国环伺乘间要求，非第利其土疆，实亦羡其矿产，我诚定计于先，广为筹办，既可贻我民之乐利，即可杜他族之觊觎。"② 鲁迅不就于1903年在东京发表《中国地质略论》时说过类似的话吗？"况当强种鳞鳞，蔓我四周，伸手如箕，垂涎成雨，造图列说，奔走相议，非左操刃右握算，吾不知将何以生活也。""中国者，中国人之中国。可容外族之研究，不容外族之探捡；可容外族之赞叹，不容外族之觊觎者也。"③ 对于伍廷芳开矿建议，矿务铁路总局大臣遵旨议覆时，就建议令各地方官将所辖境内矿产情形详细上报。

惟二十一行省产矿地方所在，多有与其由总局派员往

---

① 鲁迅：《集外集拾遗补编·〈中国矿产志〉征求资料广告》，《鲁迅全集》第8卷，人民文学出版社2005年版，第453—454页。
② 《照登矿务铁路总局大臣议覆出使大臣伍星使陈奏矿务事宜折》，《申报》1899年2月15日，1版。
③ 鲁迅：《集外集拾遗补编·中国地质略论》，《鲁迅全集》第8卷，人民文学出版社2005年版，第6页。

勘势不能周，不若由各该地方官就地查明，较为切实，应如该大臣所请，由各省将军、督抚转饬各该地方官于所辖境内察访产矿处所，无论已开、未开及开而复闭者，详细探明确勘，绘图贴说，于六个月内咨报总局以凭核办，如蒙俞允，即由臣等咨行各直省遵照办理。①

光绪批曰"依议"。不知这批材料还存在否，倘这样的材料还存在，且能为鲁迅所知和使用，当是其补充和完善其《中国矿产志》难得的宝贵材料，至少这比他向一般读者征集的信息更为准确和权威。

鲁迅在日本著述的《中国矿产志》完成了一件当时中国人"应当做而没有做成"的事。可以说，在日本留学的鲁迅，仍在继续着他的矿路学堂的专业，而这却往往为人们所忽视。

要之，鲁迅所就读的"矿路学堂"为江南陆师学堂的附设学堂。1896年，张之洞在提出筹设江南陆军学堂的同时，就奏请设立"铁路学堂"以附入陆师学堂。强兵必先富国，富国莫如开矿，开矿亟须人才，而其时所请外国矿师，往往多是诳利无能之辈，于是培育中国自己的矿务人才，开设矿务学堂就成为顺理成章、迫不及待的事情。时适逢江南各地发现矿产，矿路学堂的设立正是"因矿设学"的产物。1898年从江南水师学堂退学的鲁迅考入这所新设的学堂，成为该学堂第一届，也是

---

① 《照登矿务铁路总局大臣议覆出使大臣伍星使陈奏矿务事宜折》，《申报》1899年2月15日，1、2版。

最后一届学生。在学堂的三年学习生活中,他系统地接受自然科学知识,接触了大量的西学新学,这对其一生影响至深至巨。1902 年,以一等第三名优秀成绩毕业后的鲁迅被公费派送日本留学,在留学之初,他实际上仍在继续着他的矿学专业,他关注并介绍了当时刚发现不久的放射性元素镭,特别是与同学顾琅编纂了《中国矿产志》这一曾产生了广泛影响的著作,而这些与"矿学"相关的工作多为人们所忽视。

《江南陆师学堂附设矿路学堂考》发表于《新文学史料》2018 年第 3 期

1927年，广州

许寿裳台岛血案考

1946年6月，受台湾省行政长官、公署长官、同乡、留日老同学陈仪之邀，许寿裳赴台筹办台湾省编译馆，并出任馆长，担负肃清日本殖民文化，重建中华文化的大任。然而，不幸的是，1947年发生了"二二八事件"，随后，陈仪离职，台湾省编译馆被裁撤，许寿裳随后受邀出任台湾大学中文系主任。更为不幸的是，1948年2月18日深夜，许寿裳在台北市和平东路青田街六号日式寓所为歹人杀害，时年六十六岁。

许寿裳多是以鲁迅的同乡挚友的身份为一般人所知，其实，其人志行高洁，为人谦冲，学术精进，著作丰富，毕生服务于教育事业，自有其功业和风采。

许寿裳生于1883年，绍兴人，幼年丧父，毕业于求是书院。1902年官费赴日留学，后入东京高等师范学校史地科学习，在日期间曾与鲁迅等人共同受业于章太炎，主编《浙江潮》，回国后任浙江两级师范学堂教务长。民国初建后，受教育总长蔡元培招赴教育部任参事，兼任北京大学、北京高等师范学校教授，1917年出任江西省教育厅厅长，1920年离职返部，1922年出任北京女子高等师范学校校长，1924年复入教部，担任编译，1927年，受鲁迅之邀至广州任中山大学教授。国府成立后，蔡元培创设大学院，招任许为大学院秘书长。1929年大学院撤销，蔡先生任中央研究院院长，招任许为中央研究院文书干事，1934年任北平大学女子文理学院院长。1937年抗战爆发后，任西北联合大学史学系主任，1940年离陕入滇，任中山大学教授，半载后赴成都，任华西大学英庚款国学讲座教授，1942年赴重庆，任考试院考选委员会专门委员。日本投降后，1946年应陈仪之邀，组建台湾省编译馆，并任馆长，编译馆裁撤后，任台湾大学中文系系主任。1948年2月，不幸遇难。[1]他著有《中国文字学》《周官研究》《传记研究》《历代考试制度述要》《鲁迅传》《俞樾传》《章炳麟传》等书，从中可窥许氏一生之功业。

1948年2月18日，许寿裳在寓所为歹人所杀害一案，现场惨烈，案情离奇，加之被害人又系一代人杰，此案曾轰动一时，然而今人对此案之了解又殊为有限，本文根据当年破案警官对该案的检讨，以及报刊对此案的相关报道等材料，大致复原许氏惨案的案发现场、案情分析、侦破经过、缉拿凶犯、案犯伏法、各界悼怀诸情形。

身首几断，现场破坏

1948年2月18日，许寿裳被杀害于台北市和平东路青田街六号日式寓所。两天后，2月20日，《申报》报道了许的死讯：

> 前编译馆长、现任师范学院（按，当为台湾大学）文学系主任许寿裳，十八日晚三时，突遭暗杀。凶手系用柴

---

[1] 《许季茀先生寿裳》，《教育通讯》1948年第1期，第48页。

刀猛砍四五下，刀刺颈部深寸许，许遂惨死寓所。七时始经长女世璋（按，当为四女世玮）发现报警，经拘嫌疑周家凤一名，正侦讯中。按许籍绍兴，六十六岁，为名学者，长子世瑛另居，为师院副教授，女世玮现任台大文学主任（按，当为台大农学院学生）。凶手并偷去皮箱一只。①

最初看到许寿裳被害现场的是其家中的两个"下女"②。在许氏被害的第二天早晨，她们发现许先生早晨久未起床，不合其作息规律，便前去察看，始发现许先生被残害于床。报上云："凶手自低墙越入，颈部中四五刀，颊边中一刀，席子上有一堆血，室内凌乱不堪，大约在三时许。直到天明六时半，住在另一个房间里的长女③世玮（时为台大农院二年级生），催醒两个孩子似的下女，看一下怎会迟起的主人，结果发现昨晚活着的老人，仍横躺在竹床上，颈部血肉模糊，血筋未断，这样才慌忙由长女急告同学后报警，由军宪警及法院派员至现场查检。"④

案发之时包括许先生在内，家里共住有四人。"同住的有正在台大农学院读书的许世玮——他的四女儿，两个台籍的下女王美昭、王月娇共四人。许先生的长公子许世瑛，是师范学院

---

① 《许寿裳在台遭暗杀，警局获嫌疑犯一名》，《申报》1948年2月20日，6版。
② 许寿裳反对将女工像日人那样称之为"下女"。"他反对一般人沿用日本的名字，叫女工做下女，他说女工也是人，也有人格，而且自食其力，何以叫他们做下女"。（憬之：《记许寿裳之死》，《知识与生活》1948年第23期，第13页。）从中可见其人格之一斑。
③ 长女误，应为"四女"。许先生有二子四女，长子许世瑛，次子世瑮，长女世珰，二女世瑊，三女世埸，四女世玮。
④ 江暮云：《台大中国文学系主任许寿裳血案之谜》，《申报》1948年2月24日，5版。

的副教授，住在师院的宿舍里。四小姐是宿在住宅中花园对面两间房子里，许先生住的是卧室、书房、会客室、厨房、沐浴室、下女卧室也联接在一起的房子里。"[①] 本来许氏的住所和两"下女"的住所可以自由进出，但是在一周前，家里进了贼，被偷去了脚踏车和皮鞋，许先生就把房间下了锁，下女每天早上，必要叫门。不幸的是，许氏被害之际，同住的三个人竟都没有听到杀人的动静。

许世玮对前来往吊的人们哭诉了当时的情形。

> 当天早晨，四小姐带着忧戚的面孔，红肿的眼睛，流着泪对往吊的人们说："父亲的生活是很有规律的，晚上八九点钟就睡觉，早上准五点钟起床，读关于中国文学方面的书籍，平常除了到学校外，是绝少出门的，谁想到……"说着说着哭起来了，经过大家你一言他一语的解劝后，她又继续说："在十八日晚上，父亲已经睡了多时，在十一点钟，我亦就去睡了，在夜里并没有听到意外的动静，可是在第二天早晨六点多钟，下女因为六点多了父亲卧室门还没打开，就推开了门，看见帐子上全是血，跑来告诉我，才知道……做梦亦想不到的……父亲被暗杀了，我们看到书房里书籍很紊乱，和卧室相接的会客室虚掩着，大门和右侧门全大开着，于是马上告诉同学陈耀强去报警，我去找师范学院李季谷院长，和台大附属医院陈礼

---

① 一丁：《海宇同悲一血案：许寿裳之死》，《新闻天地》1948 年第 36 期，第 18 页。

节院长帮忙,这时,警务处和地检处全派人来了,大哥亦赶回来了,我们只丢掉了一只放父亲夏季西装的皮箱,东西没关系,可是父亲……"四小姐悲伤得已经再说不出一句话了。①

许先生死状惨不忍睹,前来勘察的警方看到以下现场,所获破案线索亦极为有限。

> 许氏被害于床上,颈部被柴刀连砍四刀,身首几至分断,帐之左方血花溅洒四处,肉花毕露,状至骇目,床前遗留柴刀一把,刀上血迹殷红,显为凶器;此外,并发现失踪皮箱一只,内有西装三套,书房内之书报,狼藉遍处,电灯开关未闭,光炬依然;寓所围墙右角小门上边遗有皮箱姓名标识一枚,门上下锁处之锁匙已被扭断……再经详验许氏所在的整幢房间各门窗,毫无凶手入室之痕迹,且锁门之钥匙仍在门后,仅发现锁上遗有指纹一处。经过这一番详密的勘察,仅有的收获,就是门上遗有的雨鞋脚痕一处及锁上指纹一处。②

问题是,凶手杀人的动机何在?是仇杀?"但是这被称为'好好先生'的许先生,无论是对同事、学生、工友、下女,全

---

① 一丁:《海宇同悲一血案:许寿裳之死》,《新闻天地》1948年第36期,第18页。
② 《台北市惊人谋财害命案:许寿裳教授被害纪详》,《警察画报》1948年第12期,第14—15页。

是一团和气，谈话之先给你个笑脸。"[1]是政治谋杀？这有两种可能猜测，一是许先生思想"前进"，会不会是某些势力所为；二是"二二八"发生不久，会不会是"台湾人士组织的暗杀团"所为？

一代宿儒，死于非命，各方高度重视。事发之日，台湾省主席魏道明、警备司令彭孟缉，正陪同国府副主席孙科赴台南视察，彭司令特于21日赶返省垣亲自办理，令限期破案。省警备副司令钮先铭，宪兵第四团团长张慕陶，省警备处处长王民宁，副处长刘戈青、陆遂初，地检处首席检察官沙宗棠、检察官蔡万田、方宗南，台北市警察局长李德洋，陆续到场检视。省教育厅厅长许恪士、副厅长谢东闵，师院院长李季谷，台大校长陆志鸿，附属医院院长陈礼节和许先生前友好门生前往吊唁。

虽说各方重视，但要破此案，并非易事。警方不放过任何蛛丝马迹，各种嫌疑人也都在排查中，他们捕拿了惯偷四十余名，"检查故衣店当铺及脚踏车店百余家"，就连自行车行的小老板亦曾因与前来修理自行车的许四小姐吵过嘴，而遭到讯问。

一个叫周家风的人成为重大嫌疑人。

人们翻出了许寿裳罹害前数日的日记。他在日记中记有钱被盗的记事。

> 二月六日 上午至校，嘱周家风去领薪（上月份加成补）二万四千余元，我因正在校稿先置皮箧旁，及校毕将

---

[1] 一丁：《海宇同悲一血案：许寿裳之死》，《新闻天地》1948年第36期，第18页。

如厕小便，即将款暂搁抽斗内下楼去，及回室洗手，家风亦入，我检抽斗，此款已失，为时仅两分钟，极可骇怪。后由筱海①命校警查视，周警长对于周家风极注意，以家境及此地寓中之负担，及由何人荐入等等问我极详，我均替家风回护。②

上个厕所才两分钟的时间，新领的工资就不翼而飞。当周家风成为嫌疑对象时，许氏均替其回护，足见其为人的确宽厚。

二月七日　至校主持中文系会议，得家风信，知昨日下午校警唤他至校盘问，此事于他面子不好看，但校警为职责在不能不从各方面检查，且家风近来不检，与其女工奸私生子，知之者甚多，人因将疑其家庭负担问题也。③

谁把钱偷走的？许氏当然怀疑是周家风，校警亦当然要调查他，就在许氏被害的前两天，周家风提出辞职。2月16日日记中记有，"信周家风，准其辞职"④。看来，多半许的丢钱与周氏相关，不然他为何要辞职。

在这节骨眼上，许氏被害，"许多人都感觉着一个廿八岁河

---

①　《申报》上为"筱梅"。（江暮云：《台大中国文学系主任许寿裳血案之谜》，《申报》1948年2月24日，5版。）

②　黄英哲等编校整理：《许寿裳日记（1940—1948）》，福建教育出版社2008年版，第828页。

③　黄英哲等编校整理：《许寿裳日记（1940—1948）》，福建教育出版社2008年版，第828页。

④　黄英哲等编校整理：《许寿裳日记（1940—1948）》，福建教育出版社2008年版，第829页。

北人的助教周家风,似乎有着相当的嫌疑",周家风自然就成为重要嫌疑人而被警方问讯,"但是在出事后的早晨,他还去找寻他的老师世瑛(死者之长子,现任师范学院副教授,另居)"[①]。

另一个重要嫌疑人则是许世玮的同学陈耀强。

这也就是许世玮说的案发后,她"马上告诉同学陈耀强去报警"的那个陈耀强。有报刊称:"其中嫌疑最大的,就是和许四小姐正在恋爱的同学陈耀强 —— 退伍青年军 —— 因为在他的皮鞋、袜子、手指上发现了血迹。胸部和大姆指等处还有类似伤痕,同时他又丢了一件衣服、一双袜子,为了这些嫌疑,警务处会经传讯了他一次,此间的报纸居然发了条消息,大意是说,陈耀强每夜跳进许宅,和四小姐幽会,被许老先生发现,而且他们同向许老先生求婚,被拒绝而遭痛斥,于是嫉恨在心,出此毒手云云。"[②] 报警人成了嫌疑人,似乎有点不可思议,但是的确,在警方侦破过程中,陈耀强几乎就成了案犯。在警方事后的检讨中就这样说:"当本案分途侦查中,曾获得一被嫌者,非独具有可能谋杀之原因,且染有杀人之血迹,及具备凶手应有之各种特征,众咸认渠即为本案之凶手也,然经吾人审慎检讨,认为罪证不足。"[③]

最让警方不解的是,对他这样一个宽厚仁和的学者,忽罹横祸,似乎与一般凶杀案中诸因素关涉不大。就是人家没有理

---

① 江暮云:《台大中国文学系主任许寿裳血案之谜》,《申报》1948 年 2 月 24 日,5 版。

② 一丁:《海宇同悲一血案:许寿裳之死》,《新闻天地》1948 年第 36 期,第 19 页。

③ 陈砥澜:《侦查许寿裳教授被杀案之检讨与今后应改进之意见》,《台湾警察》1948 年第 4 卷第 1 期,第 13 页。

由杀他啊。警备处副处长刘戈青说："假使是一个贼，以前偷过他的东西，再来偷（凶手似故布疑阵，临走时，还偷去了一只皮箱，内系不值钱的夏季衣服），那又何用杀死他？而照凶器是一把柴刀和颈部同一部位伤痕五六刀来看，一定又不是英俊的胆大的惯徒。但就离床较远有血迹来看，死者一定反抗过的，但反抗为什么没有声音，最后挣扎的声音不能惊醒女儿和下女？虽然下女年纪很轻，或许不懂事。"[1]虽然治安当局限期破案，但人们并不看好，皆以为此将为一件"无头公案"。

特别是案发后毫无常识的警员没有封锁现场，案发现场被纷至沓来的人们所破坏，这给破案人员带来了莫大困难。"当地警员于本案发生后，未将现场予以封锁，致许氏家属及亲友，均得趋前探亲，现场上一切有关之痕迹，被其踩躏，及刑警到达现场勘验时，现场已成为不纯粹之现场，殊难鉴识罪犯与犯罪内容，供给侦查本案之线索。"甚至案发现场蚊帐右后角都为人所挤脱落。而且最重要的证物柴刀上的指纹亦被无刑警常识的警员破坏。"与本案最有关之证物，即为杀人凶器——柴刀上之指纹，然首先莅场之警员，当发现该凶刀时，不知禁止他勿予接触听候刑警人员前来采取指纹以供鉴识，竟拾起凶刀，以报纸包扎，将刀柄上之指纹完全破坏，殊属可惜，当场刑警未予精细检查，致凶手位于何方向行凶，不能立刻判断（盖此项有关仇杀与谋财害命之判断）。"[2]

---

[1] 江暮云：《台大中国文学系主任许寿裳血案之谜》，《申报》1948年2月24日，5版。
[2] 陈砥澜：《侦查许寿裳教授被杀案之检讨与今后应改进之意见》，《台湾警察》1948年第4卷第1期，第13页。

不过，警方勘查案发现场，并从许氏伤口和失物来推断此案性质为"谋财害命"，而非仇杀。他们"一致判断这是谋财害命案，并认定凶手为一无杀人经验而且胆识极小的人"。其分析有以下五点：

> A 按血花溅洒之方向，及血流痕迹，认定许氏死前必定在清醒状态，凶手可能纯为窃盗目的，被许氏发觉因系旧识，为恐奸情败露，故必制许氏于非命。
>
> B 许氏每日在下午八九点以前入睡，时在夜中三时即醒，并起身在书房中写作，又其女世玮必在九时至十时入睡，因之被杀之时间可能在十一时至二时之间，又许氏睡时必关闭所有灯光，但经发觉时其书房灯光仍亮，故划定凶手曾从容于书房之内搜查财物，必熟悉此中房屋之人。
>
> C 许氏被杀之住所，毫无凶手入室之痕迹，而且许氏最近已被窃一次，且前次被窃时，窃者曾将该寓所有电灯总开关闭住后行窃，此次按其家族云："门窗悉锁闭"，凶手何由而入，此节与前次之关开开关行窃技术，不无蛛丝马迹之牵连。
>
> D 被窃物件，虽属无多，但许氏一生清高，除收藏有价值之文学书籍外，则无长物，故所失窃之对象，当然为凶手行窃之对象。
>
> E 许氏之思想及人格，向为文化界所敬仰，且生活清高而单纯，仇杀当不可能。政治谋杀，尤无理由。[①]

[①] 《台北市惊人谋财害命案：许寿裳教授被害纪详》，《警察画报》1948年第12期，第15页。

警方从现场分析还原当时发生的情形：

> 根据现场判断许氏之床系置于进门之右边，其头卧于近门处之一端，被害时脸朝外边，即朝室内，其里边为板壁，伤口自右耳根下至咽喉部成斜形，由此判断，凶手入室之初先寻找钱财杂物，因翻箱取物之声，使许氏惊醒，许氏可能已目击凶手容貌，斯时凶手始以右手持刀向许氏头部猛砍，然后将财物带走，若入室后即杀许氏，似应在进门处之床头动手，则伤口方向应在咽喉部由左右横切之。如斯则仇杀成份占大半，且仇杀之目的即达，不一定带走什物，是以谋财害命案成立之主因，即以此现场情景而判断者也。①

是谋财害命，而非仇杀，事后证明此一推断基本正确，可见警方还是有"一把刷子"的。当然，许氏亦无多少钱财，"死者所遗留的现钞，只台币一千元"②。

一把钥匙，顺藤摸瓜

推断正确，然又是何人谋财害命的呢？1950年，周作人记录了这么一个"魔幻"场面。

> 至于破案的手段也用的很是特别，大有《龙图公案》

---

① 陈砥澜：《侦查许寿裳教授被杀案之检讨与今后应改进之意见》，《台湾警察》1948年第4卷第1期，第12页。
② 江暮云：《台大中国文学系主任许寿裳血案之谜》，《申报》1948年2月24日，5版。

的风味。伪官方既认定是窃贼伤事主，可是凶手也找不到，于是忽发奇想，由警官到许的灵前磕头，请求死者显灵，指示破案。结果是怎样？过了一两日之后，突然从外边隔墙扔进一把破扫帚来，警官们说这是许君显灵，因为扫帚是仆人所拿的东西，便断定凶手是旧听差，不知从哪里抓了一个人来，说是他干的事，那人也招认了，但是判了死罪，那人还要说什么，却不让他说，含糊的执行了事。[①]

有趣倒是有趣，但这样的事岂能当真？不过，直至今日，我们还能听到类似的故事。2017年笔者访学台岛时，就在台湾的电视里看到播放一些妈祖显灵的事迹，其中有一故事就说到一个正到妈祖前祈祷求脱的窃贼，正好被同时在妈祖前祈祷破案的办案警察抓获，而警察正得助于妈祖的指示。

其实，真正打开此案大门的是"一把钥匙"。21日，台北市警察局长李德洋突然想到，"许氏的寓所系日本式的建筑，一般日式房屋每门各有不同之钥匙两把，但现场许宅仅有一把，因而推测到凶手可能是利用另一大门钥匙进入许氏的卧室，而此凶手所有钥匙必窃自许氏，其对许氏亦必极为熟习"[②]。

[①] 周作人：《许寿裳之死（二）》，张明高、范桥编：《周作人散文》第4集，中国广播电视出版社1992年版，第432页。

[②] 《台北市惊人谋财害命案：许寿裳教授被害纪详》，《警察画报》1948年第12期，第15页。事后警方检讨此案时亦称："破获本案之关键，系从推测日式房门之锁，均有钥匙二把着手，但吾人苟能推想第一次窃取脚踏车之贼，系用钥匙开偏门而入，复关上屋之总开关，与第二次杀许氏窃其皮箱之贼，乃用钥匙开正门而入，考究其犯罪惯法，亦便知此凶手系熟悉许家之门户，并与许氏有相识者，而立即着手侦查此正确之线索，不够延搁，事实上于事后二日方着手侦查。"（陈砥澜：《侦查许寿裳教授被杀案之检讨与今后应改进之意见》，《台湾警察》1948年第4卷第1期，第13页。）

由丢失的另一把钥匙而推测得此凶犯必为熟识许宅之人，于是刑侦人员开始找许宅的"另一把钥匙"。结果发现许家进住该屋时就只移来锁匙一把，于是就找寻上家住户查询锁匙移交情况。当警方在士林镇找到曾在上家住户服务过的一个叫阿桃的下女时，她因为为此案被警方问讯了多次，早都不耐烦了，就没好气地说，"什么锁匙，锁匙的，我记不清了，她们不会去问问别人吗？那时许先生不是派有两个人去看房子吗，在他还没有正式搬进去的时候……"警员从这"气话"中得知许先生没搬进前有两个工友曾为他看房子，于是找到了当初为许先生看房的两个人，陈合和高万俥。他们发现陈合没什么嫌疑之处，于是又找到高万俥，"立即发现他的神态很可疑，当在他的身上搜出当票五张，其中一张是当皮鞋的，又搜获国币二万九千一百零二角，又发现他家有一套很时麾的西装，而且看来与他所穿的极不相称，刑事当即拿着布尺要量他的身子"[①]，这时他就坦供了。凶犯落网，真相大白。

对于许案，警方可谓是合理推断，顺着蛛丝马迹，顺藤摸瓜，终将一个希望渺茫的凶案，在短时期里弄了个水落石出。

家贼难防。

凶手高万俥，二十二岁，家住台北市罗斯福路四段五六巷十五号，1946年11月间，曾在许寿裳主持的台湾编译馆当工友，后来编译馆裁撤后，许先生介绍他到省编审委员会当收发，一直到1948年元月底，他辞了工作。"当他在编译馆当工友时，许先生曾派他和另一个工友陈合二人去看管房子，及照顾花木

---

① 《许寿裳被杀案全部破获经过》，《台湾警察》1948年第3卷第11期，第25页。

一个多月，所以，他对于许宅的门路，很为熟悉，他又知道许家有一辆很好的脚踏车，便在一个月前（按，实为'数日'前）把它偷走了，同时还偷去了皮鞋一双。"[1]

关于此次失窃情形，许寿裳在2月13日的日记中这样记载："夜九时半入睡，十时后，晨三时前，窃贼入室盗去富士牌，牌照49465号，克罗米色，黄色马来胎28寸新男车一辆，车胎底黄色，新男皮鞋一双，盗系由炊所隐入（炊所门想女工未必栓好）即开玄关门，推取隔室所置之车（未下锁），并到电灯总开关处，将保险丝放下，在玄关鞋箱中选取新鞋一双，客室衣架上之雨衣未取，而取其下面之黑布伞置玄关处，晨六时始发现被窃，即托陈耀强报警察局，并经警局派员来查勘一过。"[2] 注意，许氏以为贼入家的原因在于"炊所门想女工未必栓好"，他没想到的是，其实窃贼自有另一把钥匙。

凶手持刀前来本非要杀害许氏的，砍杀许氏的刀系凶手白天中午在船上吃饭时偷了别人的，因为他虽有许宅一把锁匙，但怕许氏的卧室打不开，就拿了刀用来准备开门用的。

当时案发现场到底发生了什么，现在只有高万俥一人知晓，我们能从他的供述中知道案发时的情形。

在十八日晚上八点多钟，我就从后门进院子里去了，可是许先生和许四小姐都还没睡，我就在院子暗角里，蹲了两点多钟，等他们都睡了，我就蹓进了会客室，蹲的太

---

[1] 《许寿裳被杀案全部破获经过》，《台湾警察》1948年第3卷第11期，第25页。
[2] 黄英哲等编校整理：《许寿裳日记（1940—1948）》，福建教育出版社2008年版，第829页。

疲乏了，就在会客室里坐了半点多钟，才轻轻的推开门，走进他的卧室，刚刚进去，就被他发觉了，他在床上坐起来，拿手电筒直照我，又拿他床前的东西掷我，当时我心就慌了，不知所措，狠心的上去，就是一刀，我一看还动，就又连砍了几刀，到底怎么样？连我亦不清楚……可是……第二天我在许先生门口看看究竟如何？一看那么多人，还竟是大官，报纸上又是登着特大的字体，完了！许先生是被我杀，死了，闯了祸了，逃吧！我知道逃亦逃不脱的，就想到自首，可是……他们就抓我来了……[①]

熟人作案，被人发觉，狗急跳墙，遂下杀手。这与警方所做的推断"八九不离十"。

杀害了许先生后，凶犯搭乘六点钟的早班车逃到桃园，将偷得的箱子寄在桃园旅社。随后又返回台北，竟然前来许家一探究竟。察完动静，他又跑到桃园，将箱子里的衣服拿出，在台北当铺当了三万余元，就一直待在家。

如果数日前许氏丢失自行车和皮鞋时，警方能认真对待，查获此人，许氏就不会死于非命了。事后，警方就反省称，当初"应即注意该区域之治安问题，随时前往查察，一则可进行侦查许家之失窃案，二则可防止宵小之再活动，不独凶手高万俥早已落入法网，且一代宿儒亦不至惨遭杀害"[②]。

[①] 一丁：《海宇同悲一血案：许寿裳之死》，《新闻天地》1948年第36期，第19页。

[②] 陈砥澜：《侦查许寿裳教授被杀案之检讨与今后应改进之意见》，《台湾警察》1948年第4卷第1期，第14页。

高万俥被抓拿时，曾提出两点要求，他称："许先生是我杀的，你来捉我，我给你方便，不过请你答应我的要求。第一，我的父母很穷，我有一万多元台币及手表一双，请你们派人送到我家里；第二，让我写封信给双亲，如果你不答应，我死也不承认，或者自杀。"[1]这个条件并不过分，没什么不能答应的，他给家人的信的大意是："我愧对你们二位老人家，做这种惨无人道的事，请以后不要想我。我所受的教育也是白受的，请将我从前读的书一起烧掉罢！"

人常说，"可怜人必有可憎之处"，反过来，"可憎人必有可怜之处"。在凶犯一面，高万俥虽死有余辜，"这个惨案之动机与肇端，实属简单，完全基于贫穷与下愚，以致在偷窃失风时竟出之行凶"[2]。凶犯一家有父母弟妹八口，很穷。饥寒生盗贼，穷极而偷窃，偷窃走熟门，适被许氏发觉，因为熟识，所以就"恶向胆边生"，铸成大罪。正如他说的："谁愿意杀人呢！"[3]

经过三昼夜（19日中午—22日下午）的奋战，22日下午二时，凶犯被缉获。晚十时，警方发表书面谈话称：

> 自本月十九日清晨，台湾大学中国文学系主任许寿裳，在寓所被砍身死后，本省治安当局极为惊讶。当由警

---

[1] 屠晚农：《生活与教育：许寿裳教授被惨杀有感》，《申报》1948年3月2日，9版。
[2] 屠晚农：《生活与教育：许寿裳教授被惨杀有感》，《申报》1948年3月2日，9版。
[3] 屠晚农：《生活与教育：许寿裳教授被惨杀有感》，《申报》1948年3月2日，9版。

务处长王民宁令饬台北市警察局长李德洋，限于三日内破案，并派该处刑事室主任陈砥澜，率全体官警及刑事警官大队协助，于副处长刘戈青统一指挥下，不分昼夜，四出侦查，其中可疑者虽多，但经多方研究，尚未能遽下判断。迄二十一日下午，李局长以凶手由大门而入，依日本式房屋各门皆有不同之锁匙两把，而此大门锁匙，死者仅有一把，由此推测，另一锁匙必落凶手手中，而此凶手，必对死者寓所情形熟识，可能即为昔日之雇用之工役私自窃去。据此残索，即令台北市警察局刑事科及第四分局全体人员，连夜缜密侦查，卒查获凶手即系死者前任编译馆长时所雇用之工友高万俥，并将其所窃之衣箱赃物及其行凶血衣全部搜获，凶手本人供认不讳，此一轰动全省之谋杀案，至此全部破案。①

真凶被抓获，许世瑛对记者称："余父系一读书人，平生对人宽厚，今竟如斯丧命，殊感人世可悲。"② 而其他嫌疑者亦得以释放。

3月13日，审判高万俥。高万俥"在刑庭供认杀死许寿裳不讳，更谓并无任何人指使，辩论终结。庭长宣布候期宣判，并允接见家属，高母老泪横流，高则谓已没办法。仍予还押"③。

---

① 《案情经过》，《台湾文化》1948年第3卷第4期，第35页。
② 《谋杀许寿裳真凶已捕获，据称系谋财害命》，《益世报》1948年2月23日，1版。亦可见于《许寿裳被谋杀案真凶捕获》，《申报》1948年2月23日，6版。
③ 《许寿裳案凶手高万俥受审，直认杀人不讳，高母老泪纵横》，《申报》1948年3月14日，5版。

18日，高被判处死刑。[1]判决主文为，"强劫而故意杀人，处死刑"[2]。24日，高万俥申请上诉，"惟状呈未述理由，仅大写'不服上诉'四字"[3]。你把人家德高望重的许寿裳无辜残忍杀害，物证如山，百死莫赎，还有什么不服的？

1948年7月26日，《申报》登载凶犯被执行枪决的消息。"台湾大学国文系主任许寿裳惨案凶手高万俥，前经台地高两院先后判处死刑，虽曾于四月间声请三审上诉，顷亦经驳回，司法行政部执行令同时抵达，傍晚六时许，在台北监狱执行枪决。高犯临刑前，神色自若，遗书寄交其父母，嘱不要火葬，继即抽烟饮酒毕，向检察官要求一下子打死。法警挟其跪下，后脑首中弹，未气绝，再于头部胸部各击一枪后，始毕命。"[4]

凶手拿获并被正法，案件水落石出。可是上海的下流小报仍在大编故事，称凶犯高万俥是许寿裳的下女的姘夫，因为许辞退了患有梅毒的"下女"，其姘夫将许杀害。

> 原来许寓中雇有三位娘姨（下女），有一位娘姨名叫王小妹的，最近被许发觉她患有梅毒，乃将她解雇，并到警局声明备案，这本是许老先生特别仔细之故，可是，这一来，却激怒了这娘姨，认为主人太辣手，竟在离开许寓之后，怂恿其姘夫高万俥夜里前往暗杀，许氏的一条老命，

---

[1] 《刺杀许寿裳凶手，高万俥判处死刑》，《申报》1948年3月19日，2版。
[2] 《杀害许寿裳案凶手前日枪决》，《益世报》1948年7月26日，2版。
[3] 《许寿裳案凶手判处死刑后，大书不服上诉》，《申报》1948年3月25日，5版。
[4] 《许寿裳血案凶手高万俥枪决，临刑神色自若》，《申报》1948年7月26日，5版。

竟不韦（按，原文如此）在解雇一下女小小事件下而送掉，真是死得一点也不值得。[①]

此"水落石出"的真相是擅长造谣的上海滩小报的故伎重演。

许寿裳一案并不复杂，但直到1950年，周作人仍相信许氏之死系政治谋杀。"许常批评国民党政府，很不客气，在重庆考试院时便是如此，久为特务所侧目。""陈公侠走后，魏道明一上任，立即把编译馆裁撤，这是明显的给许一点颜色看，叫他以后可以识相点了吧，但是他毫不在乎，改在台大教书，依旧对了学生大放厥词，即使因语言关系打一个折扣，这在国民党匪帮总是极不痛快的。许又常写文章，有好些关于鲁迅的短文，陆续在《台湾青年》上发表的着实不少，这也是国民党所很讨厌的一件事。国民党要除去许君的意思是很明了的，他的手段却很复杂，他不明显的由内地来的特务行动，却转过弯叫本地人来下手，结局再把他牺牲了事。"[②]

无独有偶的是，1956年的刘文典也"听见很靠得住的人说"许寿裳系小偷杀害，但实则为蒋政权的政治谋杀，他说："讲到鲁迅，我又联想起一件事。鲁迅的同乡、老友许寿裳，报上说在台湾被小偷杀死，这是大家都知道的。盗贼杀人本是常事，我也不觉得稀奇。我这次到北京，听见很靠得住的人说，才知道杀死许寿裳的不是小偷，而是'蒋光头'派的特务。许

[①] 《许寿裳被刺真相：下女患梅毒，解雇起杀心》，《新园林周报》第7期，1948年3月7日。

[②] 周作人：《许寿裳之死》，张明高、范桥编：《周作人散文》第4集，中国广播电视出版社1992年版，第430—431页。

寿裳并没有做文章骂过'蒋光头',他所著的书,也只是谈谈鲁迅的生平逸事,仅这一点,也都触怒了'蒋皇帝',非置他于死地不可。这真令人不胜悲愤。"[1]

不过,从许案破获的经过来看,政治谋杀似难成立。

灵前示众,魂兮归来

许寿裳先生殁后入殓、公祭之情形,其长公子许世瑛随后编写的《先君年谱》中这样简约记述:"二十日下午三时,先君遗体入殓,当即移灵至台湾大学附属医院冷藏室暂殡。二十三日上午八时举行公祭,礼毕,即将灵柩运至台北市火葬厂,举行火葬。"[2]

其具体情形可从当年的报刊中得知。许氏被害后的2月20日下午三时,在许氏寓所举行入殓典礼。典礼情形如下:

> 省府谢秘书长,新闻处林处长,警务刘副处长,省参议会李副议长,台北市政府游市长,台湾大学陆校长,乃教授学生,暨许氏的生前好友等二百余人,均到灵前鞠躬致哀,由陆校长主祭,灵前陈列着省府魏主席及谢秘书长等所致送的花圈数十个,典礼开始后,大家绕着许氏的灵柩一圈,瞻仰着许氏的遗容,这时很多人便压不住了一种

---

[1] 刘文典:《回忆鲁迅》,章玉政、刘平章主编:《刘文典笔下的日本》,合肥工业大学出版社2012年版,第45页。
[2] 许世瑛:《许寿裳先生年谱》(未刊稿,复本可见"中研院"近史所图书馆),台北新店1948年版,第62页。

悲哀的情绪，相继红着眼眶哭了，有的竟是泣不成声，尤以李季谷校长，悲泣最甚，许氏的遗体收棺后，即寄厝台大附属医院。①

23日上午九时，许先生的公祭仪式在台大第一附属医院举行。十时许，凶犯被押解到许氏灵前示众，人心略得安慰。前往致祭的有监察使杨亮功，教育厅长许恪士、副厅长谢东闵，台湾大学校长陆志鸿，台省师范学院院长李季谷，及台湾大学学生一百人许。警务处曾将凶手及赃物凶器等押至灵前示众，高万俥全无"惧态"。公祭结束后，十时多，许寿裳先生的遗体移至三板桥火葬场火葬，台大陆校长、师范学院李校长，及许氏生前好友十余人，送殡至火葬厂。二十四日晨八时，取骨灰。

相关追悼纪念活动也相继展开。

2月28日午后两点半，在上海绍兴路中华学艺社（今上海绍兴路7号），由中华学艺社、中华全国文艺协会、中国科学社、中国民生教育会、中国教育学会上海分会、中国畜牧兽医学会上海分会等十二学术文化团体发起举行许寿裳先生追悼大会。各团体代表和来宾有李石曾、陈鹤琴、蔡无忌、孟宪章、许广平、林辰等近百人。中置巨幅遗像，四周挂的挽联，发起团体每单位推一人组成主祭团领导行祭礼。李石曾代表主祭团献花后，作简短演说，痛惜一代宗师惨遭毒手。许寿裳的女儿报告遇难经过，接着陶公衡、许广平等报告生平。许广平说："有人说寿裳先生的作风对人平等，主张自由，然而蔡先生是

---

① 《案情经过》，《台湾文化》1948年第3卷第4期，第34页。

寿终，许先生却被暴徒暗杀了，我们该怎样为这一代宗师复仇雪恨？在是非颠倒、黑白不明的今天，我们希望他的死是最后的一个。我们有手不能写，有嘴不能说，但良心是不能泯灭的啊！"① 四时多祭礼毕。

29 日上午九时，文化教育界假台北中山堂开追悼会。"出席谢瀛洲、严家淦、钮先铭等一百余人，秘书长谢瀛洲主祭，监察使杨亮功、教育厅长许恪士、台湾大学校长陆志鸿、台北市长游弥坚及师院院长李季谷陪祭，魏道明及彭孟缉司令等均有挽联吊唁，开会读祭文后，即由李季谷氏报告许氏生平②，嗣由陆志鸿氏致谢，渠对许氏惨遭杀害，极表痛惜，对于军警当局迅速破案，表示谢忱。最后由许氏长子世瑛，次子世瑮及幼女世玮向到会人士答谢，十时许散会。"③

其祭文曰：

> 维中华民国三十七年二月廿九日，台湾各界人士谨以清酌庶馐之奠。致祭于季茀许先生灵前曰：于戏先生，稽山秉秀，鉴水含清，多文为富，早享盛名，尽瘁教育，鞠躬毕生，既开风气，亦作群英，太炎文字，师其渊泓，鲁迅呐喊，友其大声，不厌不倦，谦而弥诚，绷中彪外，性气和平，威而不猛，人莫敢撄，经师人师，远近心倾，及来台湾，馆设编译，抱大决心，具大计划，学校教程，社

---

① 《案情经过》，《台湾文化》1948 年第 3 卷第 4 期，第 36 页。
② 李季谷据马襟光所作《许季茀先生事略》而作有《许寿裳先生传初稿》。
③ 《案情经过》，《台湾文化》1948 年第 3 卷第 4 期，第 35 页。

会读物，省中文献，海外图籍，纂组纷罗，研深探迹，期以三年，当大收获，未蒇厥事，遂移教席，化雨和风，弦歌朝夕，何图飞祸，丧国之良，非疾非疫，血溅衣裳，群疑群骇，何人所伤，元凶虽得，人百莫偿，高风追忆，泪雨淋浪，先生之仁，人受其惠，先生之勇，宜有防卫，一刹那间，祸不克避，人之云亡，邦国殄瘁，设位而哭，荐羞而祭，凄怆一堂，人间何世，魂兮归来，哀哉雪涕，尚飨。①

时邀许先生出任台湾大学校长的陆志鸿撰诔词云：

会稽毓秀，自幼岐嶷。读书种子，经史手披。东渡扶桑，益加砺砥。驰聘（骋）文坛，腹笥孰比。善诱循循，树人学府。南北东西，群沾化雨。尽瘁教育，四十载有奇。经师人师，兼而有之。守真抱朴，乐道安贫。珠玑咳唾，著作等身。颜筋柳骨，试笔临池。银钩铁画，肥瘦皆宜。德行超逸，古之高士。温文尔雅，今也君子。秉性仁慈，无怨无雠。觊觎青毡，仆砍主头。天昏地黑，鬼怒神嘻。玉山黯然，淡水凄其。世风浇薄，一至于斯。哲人长逝，我心伤悲。②

当时名流如居正、戴传贤、李书华、潘公展等多有挽联挽

---

① 《案情经过》，《台湾文化》1948年第3卷第4期，第36页。
② 陆志鸿：《许寿裳先生诔词》，《台湾文化》1948年第3卷第4期，第2页。

辞，或彰其德业，或抒发哀思。居正挽联为："名重鲁齐，乐育春风垂教泽；耗传台岛，凄凉夜雨賈仪型。"李书华挽诗为："呜呼许公，士林所宗。四千余年，教泽靡穷。胡来殂者，找我文星。山高水长，永念遗风。"又有《社友》刊有的挽许寿裳社友一联云："沧浪濯足，东海钓鳌。斧声烛影太无端，要令短气清流，古今一痛。余杭及门，山阴弼教。才达德成真健者，况有白头家学，薪火千秋。"①

3月15日，吴稚晖、李石曾等致信时任上海吴铁城市长，请他协助将许寿裳葬于上海万国公墓其挚友鲁迅墓旁，以使得两位生前挚友，死后仍能相聚一起。报云："许寿裳教授在台遭狙击殒生，噩耗传来，亲朋雪涕。现许氏家属及其生前友好，拟就上海万国公墓鲁迅墓旁为之营葬，因许本与鲁为至交，得傍松楸，益征生死不渝之契，其墓地需空穴八方，已由吴敬恒、李石曾、陈仪、潘公展、方治、蔡无忌等于昨日联名致函吴市长，请予协助，俾安窀穸。"②

刊印许氏遗著亦成纪念文化名人的当然之举。3月18日，报上呼吁："凡挽送联幛花圈，均改赠现金，以为刊印许氏遗著之用。"③随后还能看到"本市文化团体联合商印许寿裳遗著，正在接洽中"④的消息，但后来，许氏遗著似未印出。

"斧声烛影太无端"，当初为肃清台岛日本殖民文化、重建中国文化而奔赴台湾的许寿裳，就这样丧命于一个无知而凶狠

---

① 许石枬：《为本社挽许寿裳社友》，《社友》1948年第82期，第4页。
② 《文化界小新闻》，《申报》1948年3月16日，4版。
③ 《本市学术团体将追悼许寿裳》，《申报》1948年3月18日，6版。
④ 《文化界小新闻》，《申报》1948年3月31日，4版。

的凶犯之手。

《斧声烛影太无端——1948年许寿裳血案》,发表于《文汇报·学人》2018年6月15日,13、14、15版

附

许季茀先生寿裳[*]
马襫光[①]

先生讳寿裳,字季茀,号上遂。浙江绍兴人,世居县南之乾溪。父东辉公,母王氏。先生居幼,上有三兄三妹。

先生生于公元一八八二年(清光绪八年)旧历十二月二十七日。甫周晬,东辉公弃世。先生幼而凝重,长兄铭伯先生课之读,勤奋逾常儿。年十七,遭母王太夫人之丧。时绍兴,创办中西学堂,先生往肄业。翌年转入求是书院。

一九〇二年(清光绪二十八年)官费派往日本留学。初入弘文书院,后考入东京高等师范学校史地科。同时与鲁迅,钱玄同,朱希祖诸君,同受业于章太炎先生。一九〇八年(清光绪三十四年)春,高师毕业。翌年春回国,任浙江两级师范学堂教务长。

---

[*] 本文按原样摘录。
[①] 李季谷的《许寿裳先生传初稿》(《台湾文化》1948年第3卷第4期)文首有云:"本文根据马襫光先生等所作许季茀先生事略而作。"李文内容比此小传更为详细,其中诸多字句皆出自此小传,可见,此小传作者或为马襫光。

民国肇建，教育总长蔡孑民先生，招赴北京入部供职，旋升参事，兼任国立北京大学、北京高等师范学校教授，生徒爱戴。一九一七年（民六）冬，出任江西教育厅长，是时厅制初立，先生力开风气，于学校教育外，注意社会教育，设立博物馆，通俗图书馆，屡邀海内外名人至南昌讲演。一九二〇年（民九）春，离职返部。一九二二年（民十一）出任国立北京女子高等师范学校校长。整顿校政，不遗余力。一洗以前散漫之习。一九二四年（民十三）离职，复入教部，担任编译。一九二五年（民十四）北京女子师大被非法解散，先生与鲁迅、马幼渔诸先生，发动护校，另觅校址，重新开学。全校教员，义务授课，由先生担任教务长。生徒云集，弦诵不辍。如是者三月，女师大卒得复校。

一九二七年（民十六）春，鲁迅邀赴广州，任国立中山大学国文系教授。国府成立，蔡先生创大学院制，担任院长，招先生任大学院秘书长，多所赞助。一九二九年（民十八）大学院制取消，蔡先生改任中央研究院院长，先生亦改任中央研究院文书干事。是时蔡先生常在上海分院，先生留南京本院，院务甚繁，远则函达蔡先生，近则商承总干事，日无暇晷，如是者五年。一九三四年（民二十三）夏，应国立北平大学徐诵明校长之聘，赴平任平大女子文理学院院长，先是院长屡易人，经费亦困难，设备简陋，人事亦复杂。先生莅任之后，力加整顿，延聘名师，扩充设备。并于万分支绌之中，清发欠款。未及两载，图书仪器，灿然大备。学生成绩，斐然进步。

一九三七年（民二十六）夏，抗日军兴，平大与国立北平师范大学、北洋工学院奉命西迁，在西安成立西北联合大学，先生改任史学系主任。联大迁城固，先生兼长法商学院。旋即辞职，专任国文系主任。一九四〇年（民二十九）联大改组，先生遂离陕入滇，重任国立中山大学国文系教授，居半载，应私立华西大学聘赴成都。任英庚款国学讲座。一九四二年（民三十一）至重庆，任考试院考选委员会专门委员。

迨日寇降伏，于一九四六年（民三十五）春，随考试院复员南京。是年春，应台湾陈行政长官之招，来台湾担任省编译馆馆长。馆事初创，擘划周详，分为四组，延聘名流，分任纂辑。凡学校课本社会读书，以及海外名著，广为编辑。而于台湾文化研究，尤为注意。逾年夏，编译馆改组，先生改任国立台湾大学国文系主任。甫半载，遂于三十七年二月十八日深夜在台北市青田街六号寓寝，为盗戕害。享年六十六岁。一代宗师，惨遭飞祸，全国痛惜！

先生谦冲慈祥，临事不苟。自律甚严，待人甚恕，而规过责善，直尽无隐。行为悉尊礼法，思想适合现代。故重然诺，守时刻，尊人权，深恶旧社会之一切恶习。毕生好学，至老不倦，百忙之中，不废撰述。居常未明而起，一灯荧然。人声甫动，先生已写稿易叶矣。所著有《章炳麟传》、《忘友鲁迅印象记》、《鲁迅的思想与生活》及《怎样学习国语和国文》，均已成书印行。《三民主义述要》、《历代考试制度述要》、《周官研究》、《传记研究》、《俞樾传》、《中国文字学》等，尚未付印，稿藏于家。

先生初娶沈夫人，不久逝世，继娶沈夫人慈晖，生子世瑛、世瑮、女世琯，一九一八年（民七）病殁江西，又娶陶夫人伯勤，生女世瑛、世玚、世玮。

《教育通讯》1948 年第 1 期

1935 年，上海

后记

人文研究似乎可以分为两种类型：一种偏重客观的考据，一种偏重主观的创造。因为它是"人文'研究'"，所以它得依托材料，有一份材料，说一分话，显得客观、确定，"有一说一"，强调"实打实"。又因为它是"'人文'研究"，所以它又不能脱离直觉和感受，显得主观、灵活，"天马行空"，可以"空对空"。这两种类型的研究，各有特色，亦各有价值。

针对台湾人文学界偏重于考据的学风，林毓生先生呼吁并倡导一种"不以考据为中心目的"的人文研究。因为，在他看来，人文研究"主要是研究人的学问以及人与社会之关系的学问。这种研究要了解：（一）人是什么？（二）人活着干什么？（三）人与社会的关系是什么？而人文研究的中心目的是寻找人的意义（in search of the meaning of man）。凡是离开这个中心目的越远的越是边缘性的东西，越不是人文研究的主题"。他说，"人文学者对人生、社会与时代的发言必须建立在自己特有的创见之上"，而考据只是"发现"，不是"创见"，因此，"它只是边缘性的东西"。[1] 基于此，不光是以"情"见长的文学、以

---

[1] 林毓生：《不以考据为中心目的之人文研究》，《思想与人物》，台北联经出版事业公司1983年版，第164—167页。

"思"见长的哲学，即便是以"实"见长的历史，也不应当以考据为中心、为重点。

的确，按林先生的这种说法，很多人文研究，都偏离了或不符合他所说的"寻找和丰富人的意义"这一人文研究的目的和任务。

人文研究的目的是"求真实"，还是"求意义"？人文研究的对象是问题的"本身"，还是问题的"外延"？对于此一问题，恐怕仁者见仁，智者见智。

如果对于这一问题仁者见仁，智者见智，那么，人文研究究竟是贵"客观呈现"，还是贵"主观表现"，也就是说人文研究重考据，还是重创造，似乎也就不能定于一尊。显然，每一种类型的研究，都自有其不可替代的价值和意义，恐怕不能厚此薄彼。

其实，一项研究是注重考据，还是注重创造，恐怕与研究问题的性质和特征，研究者的个性和特长相关。有的研究者严谨笃实，有的研究者任意随性，有的题目注重于事实的呈现，有的题目注重于意义的阐发，这都决定了研究的不同侧重和不同特色。

这就好比东方人习惯使用筷子吃饭，你不能责怪他为什么不用叉子吃饭；西方人习惯使用叉子吃饭，你不能责怪他为什么不用筷子吃饭。有的饭适合用筷子吃，如面条，你不能强求他用叉子吃；有的饭适合用叉子吃，如牛排，你不能强求他用筷子吃。你不能因为他使用了不同的工具，吃了不同的食物，就说他这个饭没吃饱、没吃好，甚至认为吃的不是饭。

更何况，事实上，没有只考据而不创造的研究者，如果有，那无异于"傻子";也没有只创造而不考据的研究者,如果有,那无异于"疯子"。

唯考据则"过死",只创造又"太活"。过死则无创见,太活则多空谈。"蚂蚁搬食"搬的都是别人的东西,"蜘蛛结网"吐的都是自己的东西,而"蜜蜂酿蜜"是采得百花始成蜜。正常的、理想的人文研究应当是一种"蜜蜂酿蜜"式的工作,是考据基础上的创造。至于其中考据与创造的比重,当与研究对象的性质和特征、研究者的个性和特长相关。

2020 年 12 月 13 日